非暴力沟通

Mediate Your Life: A Guide to Removing Barriers to Communication, Vol.1

CHOOSING PEACE

New Ways to Communicate to Reduce Stress, Create Connection, and Resolve Conflict

冲突沟通力

[美] 艾克·拉萨特(Ike Lasater) 约翰·凯恩(John Kinyon) 著
朱莉·斯戴尔斯 (Julie Stiles) 玛丽·思特兹 (Mary Sitze)

李夏 岸歌 译 刘诚哲 卢庆 审校

机械工业出版社
CHINA MACHINE PRESS

U0125647

Choosing Peace: New Ways to Communicate to Reduce Stress, Create Connection, and Resolve Conflict (Mediate Your Life: A Guide to Removing Barriers to Communication, Vol.1) / by Ike Lasater & John Kinyon, with Julie Stiles and Mary Sitze / ISBN: 978-0-9899720-0-0

Copyright © Mediate Your Life, LLC 2014
Copyright in the Chinese language (simplified characters) © 2023 China Machine Press
All Rights Reserved. Authorized translation from the English language edition by Ike Lasater and John Kinyon. This edition is authorized for sale in the world.

北京市版权局著作权合同登记　图字：010-2021-0911 号。

图书在版编目（CIP）数据

冲突沟通力 /（美）艾克·拉萨特（Ike Lasater）等著；李夏，岸歌译. — 北京：机械工业出版社，2022.12（2023.12重印）
书名原文：Choosing Peace: New Ways to Communicate to Reduce Stress, Create Connection, and Resolve Conflict（Mediate Your Life: A Guide to Removing Barriers to Communication, Vol.1）
ISBN 978-7-111-72052-2

Ⅰ.①非… Ⅱ.①艾… ②李… ③岸… Ⅲ.①心理交往 – 通俗读物
Ⅳ.①C912.11-49

中国版本图书馆CIP数据核字（2022）第245954号

机械工业出版社（北京市百万庄大街22号　邮政编码100037）
策划编辑：徐曙宁　　　　　　责任编辑：徐曙宁　仇俊霞
责任校对：韩佳欣　陈　越　　责任印制：邹　敏
三河市宏达印刷有限公司印刷
2023年12月第1版第2次印刷
169mm×230mm·15.75印张·157千字
标准书号：ISBN 978-7-111-72052-2
定价：69.80元

电话服务　　　　　　　　　　网络服务
客服电话：010-88361066　　　机 工 官 网：www.cmpbook.com
　　　　　010-88379833　　　机 工 官 博：weibo.com/cmp1952
　　　　　010-68326294　　　金 书 网：www.golden-book.com
封底无防伪标均为盗版　　机工教育服务网：www.cmpedu.com

本书获得的赞誉

本书逻辑清晰、立意深远、内容重要，它邀请读者重新思考在世为人之道。请感谢作者的努力，拥抱邀请，切实使用非暴力沟通，本书极有可能让你的人生焕然一新。

——瓦莱丽·萝丝·贝朗格（Valerie Rose Belanger）

阅读本书，练习它，"活出"它。本书既实用又深刻，提供了丰富的工具包，让人们改善情绪和实际生活。书中的故事与章节深具启发性，指出了新的为人处世方式，让我们得到自己想要的，并给予他人想要的，将人与人的关系提升到新的层面，并且具有可行性。无论把书中的方法用于家庭还是职场，都能彻底改变你与他人的互动模式。我们诚挚地将本书推荐给客户，无论是营利性机构还是非营利性机构！

——格雷格·肯德里克（Gregg Kendrick）、

宫代玛莉（Marie Miyashiro）

艾克·拉萨特（Ike Lasater）和约翰·凯恩（John Kinyon）的著作《冲突沟通力》提出了一种全新的解决冲突的方式。这种方法着重于和平解决冲突，并说明这样做将如何改变所有相关方的一切。两位作者将非暴力沟通模式与传统的调解方式相结合，提供了破解愤怒、怨恨和沟通失误的流程，并因此奠定内心平和与和谐人际关系的基础。不开玩笑地说，这就像魔法一样——如此的清晰、简单，还能让人改头换面。

——玛莉·麦肯锡（Mary Mackenzie）

我清晰地体会到了两位作者在本书中传达的温暖和智慧。我真的很喜欢他们把冲突看作每个人都会遇到的日常事情，我们可以学会处理冲突，而不是把它看作不正常的标志。运用艾克与约翰的冲突应对之道，可以收获内在平和与外在和平。

——丽芙·拉尔森（Liv Larsson）

甘地曾说："你可以用温柔的方式撼动世界。"《冲突沟通力》提供了彻底且实用的方法来实现这个目标。不要只读不练，实践你在书中发现的智慧。在每次冲突中，驾驭自主选择带来的转化力量，其成果将让你大为惊奇。

——克里斯蒂·弗拉赫蒂（Christine Flaherty）

我以前会竭尽全力避免冲突，导致我有时无法活出自己最看重的价值：说真话，真诚生活。参加了艾克和约翰的培训后，我学到了宝贵且无价的技巧，无论别人说什么，我都能把注意力放在当下。现在，我不仅更能包容冲突，甚至发生冲突时我会感到兴奋，因为我知道冲突通常可以让人更加诚实并更有联结。我很高兴向你推荐这本清晰、实用、极具洞察力的书，让更多人可以学习当今世界极为需要的生命存在之道。

——玛西娅·米勒（Marcia Miller）

艾克和约翰将马歇尔·卢森堡（Marshall Rosenberg）的成就提升到了新的层次。他们把非暴力沟通的组成部分分解、调配成易于理解又富含营养的小口美食，结合"战斗—逃跑—僵住"（fight-flight-freeze）的自动化反应模式，邀请读者练习书中技能，并把现实生活中的例子贯穿全书，指出书中人物如何学习、成长，并实践调解人生的诀窍和技能。这是一本强有力的书，让人不禁翘首以待下一本书的面世。

——希尔薇亚·哈茨威兹（Sylvia Haskvitz）

《冲突沟通力》为冲突调解及和平调停领域做出了杰出的贡献。本书内容非常实用（让我们知道如何清晰地说明自己的情况，同时不会冒犯他人），同时也极具启发性（让我们思考如何运用新学到的知识创造一个和谐的世界）。作者写作风格明快，书中的故事非常具有说服力。更重要的是，艾克和约翰降低了调解工作的复杂性，使它易于理解，这着实不易。我做全职调解员已有十多年，帮助数以百计的人找到了和平解决冲突的方案。功劳要先归于艾克和约翰，感谢他们给我提供了理论知识和实践工具，让这一切得以成真。《冲突沟通力》使他们杰出的工作得以延续，我希望所有人都能阅读本书。

——拉里·罗森（Larry Rosen）

艾克和约翰以开放的心胸，将非暴力沟通的目的付诸文字。他们分解了非暴力沟通的组成部分，以真实生活为例强调其作用，让人备受鼓舞。本书内容清晰、步骤分明的架构，让读者得以轻易理解如何在不同场合运用非暴力沟通。跟随这本书，你会带着满满的满足感，踏上化解冲突之路！

——陶伟·威德斯特兰德（Towe Widstrand）

《冲突沟通力》用简明扼要的语言说明了运用非暴力沟通的可能

性。本书以让人愉快的方式，一步步带领你跨过日常沟通常见的陷阱。艾克和约翰以强有力的形象画面成功地描绘出非暴力沟通的理论架构，让没接触过非暴力沟通的大众以及经验丰富的非暴力沟通使用者，都能轻松理解。初学者可以立刻着手实践，有经验者可以测试或加深自己的理解。本书采用熟悉的家庭场景，向读者介绍非暴力沟通的四个基本步骤，并使人容易联想到自己在生活或职场上的类似经历。这降低了学习非暴力沟通的门槛。如果有人希望加强自己的沟通技巧，培养建立联结的能力，本书绝对不可或缺。

——哈拉尔·博尔扬斯（Harald Borjans）

本书的内容已经改变了我的生活，相信也能改变你的生活！在实践本书的原则后，我从中获得了启发和灵感，在日常生活中，无论是独处还是与他人相处，都觉得更为自在。现在，我把这些技能应用在职场，不论是给客户讲授课程，给教育类机构人员教授沟通软技能，还是在求助热线中帮助听众预防自杀，都有惊人的成效。我们要花一些时间学习和练习这些技能，相信我，这是值得的！

——奥拉·托恩伯格（Ola Tornberg）

艾克·拉萨特和约翰·凯恩在他们的著作《冲突沟通力》中，提出了面对冲突的全新处理方式，描述了一系列简单的步骤。首先，帮助相关方建立心与心的联结，然后找到各方都能接受的持久性解决方案。现在，我每天都在使用本书提供的工具，也在遵循书中的练习方法，让其中的技能变成习惯。练习是本书最大的惊喜——我用生活里最常见的冲突作为素材，练习这些技能。从简单和安全的地方开始，对吧？但即便没有处理任何重大的难题，我也已经注意到自己的感受大不相同。我的人际关系开始变得更为融洽，我更容易控制自己的脾气，压力也减少了，我甚至开始调解自己内心不同的声音。现在的我在慢慢结束自己内心的战争，解决自我分歧，选择和平，我发现我每一天都更喜欢自己了。

——埃德·尼豪斯（Ed Niehaus）

沟通方法永远都有沦为僵化的技巧的风险，但这本书是从长期和坚实的冲突调解经验中萃取出来的精华。本书通过故事来呈现内容，让练习变得有血有肉，接近生活。

"当你能够改变观点时，不必强迫自己放下内心臆想的故事和评判。因为它们会主动离你而去。那些让人沮丧的想法，将不再主宰你。"这句话再次告诉我们非暴力沟通的崇高目标。本书恰恰表明，在混乱棘手、充满谎言之外，生活还有更高的东西。"暂停下来做练习"板块非常有用，可以让我们在学习过程中同时注意实操性。

追随非暴力沟通的初衷，引领两位作者去到白沙瓦（Peshawar），并长期致力于非暴力沟通的研究与教学。我有信心，只要认真练习，使用者都可以看到颠覆性的改变。

——克里斯特林·拉詹德拉姆（Christlin Rajendram）

致 谢

我们（艾克和约翰）要向共同作者朱莉·斯戴尔斯（Julie Stiles）表达崇高的谢意。从2006年开始，我们用Skype、电话、会面等方式，与朱莉一起一步一个脚印地创作本书以及后续同系列的六本书籍。朱莉成功克服了艰巨的挑战，通过本书把我们（艾克和约翰）的谈话内容转化为清晰、连贯、引人入胜和通俗易懂的文字。要跟我们俩这样的人合作，朱莉有时必须克服巨大的困难和挫折。比如，整个系列的架构就被我们重组了至少三次。

朱莉在写作上加入了很多自己对于本书素材的宝贵理解和洞察，显著地提升了本书的品质。事实上，如果没有朱莉，没有她异乎寻常的耐心、毅力和坚韧，本书就不可能面世。我们对她的感激溢于言表。

我们（艾克和约翰）也要向另一位共同作者玛丽·思特兹（Mary Sitze）致以深深的谢意，感谢她对本书的贡献。玛丽在此书的草稿快要完成时，戏剧性地加入了贯穿全书的虚构家庭的故事，让书中的概念和技能鲜活了起来。她还花了很长时间校对、整理、润色语言，令本书呈现给读者的文字更加优美、简洁和文雅，反映了她对本书倾注的心血。我们极为感谢玛丽在各方面对本书的贡献。

感谢贝拉尼顾问公司（Barany Consulting）的贝丝·贝拉尼（Beth Barany）与她的团队成员，指引我们完成整个出版流程。她对出版书籍的各个方面都提供了宝贵意见，并在遭遇突发状况需要更长时间才能出版时，表现出了巨大的耐心，这让我们不胜感激。

感谢与我们一同成长、学习和发展的所有人，包括参加过培训的学员，尤其是沉浸式课程的学员。虽然他们是学员，但我们从学员身上学到的东西，和他们从我们这儿学到的一样多。因为他们参加培训，我们才有机会和场合继续学习。感谢非暴力沟通中心认证培训师与非暴力沟通实践者中的所有朋友、同事多年来一直给予我们美好的支持、陪伴和激励。

曾经给我（约翰）指点迷津、启发灵感的诸多导师，你们的恩情我永远铭记于心。导师人数众多，对我而言扮演了极其特别的角色的有：大卫·怀特（David Whyte）、埃克哈特·托勒（Eckhart Tolle）、迪帕克·乔普拉（Deepak Chopra）、佩玛·丘卓（Pema Chödrön）、韦恩·戴尔（Wayne Dyer）。另外，还有我心目中最伟大的导师：马歇尔·卢森堡（Marshall Rosenberg）、卡尔·罗杰斯（Carl Rogers）、圣雄甘地（Mahatma Gandhi）。他们的光芒是如此的耀眼，照亮了我的天空，我对他们崇敬得五体投地。

我（约翰）也感谢我的妻子史洁娜（Schena）历经考验和磨难仍然坚定不移的爱情与支持。谢谢我的爱人永远相信我，以及她的远见卓识。谢谢我的孩子们，让我体验到卓越而无尽的爱。家庭是我的世界的中心，是我的事业的基石，我从这里启航，然后又总是回到这里。我从家人身上学到的东西最多。

我（艾克）要感谢所有练习的对象，那些我叫不出名字的人们，包括免费/付费电话和其他服务机构的用户，以及街头的陌生人。最重要的是，我要感谢我的家人，过去二十年来忍受我不断地学习、试验、犯错，尤其是犯错。

我（艾克）也想致谢克莱尔·努尔（Claire Nuer）和"从领导中学习"（LearnAsLead.com）的团队。虽然我们没有直接引用他们的成果，但我从他们的培训中学到的东西，以不同的方式深深地影响了我的思考方式，并呈现在了本书中。例如，在任何情景中，要先看看自己身处什么立场，就来自克莱尔。

当然，对马歇尔·卢森堡和他创建的非暴力沟通，以及多年来在世界各地不遗余力地传播，我们要致以最诚挚的谢意。不仅是我们自己，还有其他许多人的生活，都因为这种沟通方式而有了显著的改善。站在马歇尔搭建的牢固基础之上，我们才得以将所知所学贡献给这个世界。

译者序

以前，如果有人跟我说"欢迎冲突，拥抱冲突"，我一定会觉得他"站着说话不腰疼"！冲突让人如此痛苦，谁会喜欢它呢？而人都喜欢趋乐避苦，怎么会愿意"拥抱"痛苦呢？

想一想，公交车上人很多，有人踩了你的脚却一句话没说，你怎么办？如果有人和你约定好了一件事情，但是他中途变卦，还矢口否认之前的约定，你会怎么应对？孩子答应你下午放学回来先写作业，但是你发现他进门就打游戏，这时你会说什么？你无法忍受先生每次上厕所尿液都溅在马桶圈上，你跟他沟通了无数次，但他依然我行我素，你生不生气？这些时候，难道不是掂量一下"实力"，能解决的就解决，实在解决不了就分开，再不然就撸袖子开战吗？

以前，每次冲突都会让我痛苦不堪、精疲力竭、怨天尤人。但是在接触到非暴力沟通和本书作者基于非暴力沟通发展而来的"调解人生"后，我对冲突的恐惧逐渐减少，跨越和升华了冲突带来的痛苦，也自此加入了"欢迎冲突,拥抱冲突"者的行列!

在第一章中,作者给冲突下了一个定义:"广义而言,冲突指的是任何形式的紧张、对抗或者差异,造成痛苦或隔阂。通常来讲,两人或多人陷入争执时,就可以视之为冲突。"从这个角度来看,并非只有到了吵架或动武的时候才是冲突。冲突是生活的一个组成部分,我们可能每天都在遭遇冲突。越来越多冲上热搜的冲突事件让我们知道,冲突给人带来的损失和伤害到底有多大。有时候,这种伤害不仅限于当事人之间,也会让其他看到事情发生的人产生恐惧,感受到伤害。有的人害怕冲突,尽力避免冲突;还有一些人会"迎难而上",争个高下,无论付出什么代价都要赢。无论哪种情况,都会破坏联结,两败俱伤。

冲突可能由多种因素造成。例如,我们的思维方式、应激反应模式、权力形势、语言方式等。如果只是从这些因素中的一两个着手分析解决，冲突并不能彻底化解。非暴力沟通是经过实证的彻底化解冲突的方法。2003年，联合国教科文组织（UNESCO）将非暴力沟通列为全球正式教育和非正式教育领域非暴力解决冲突的最佳实践之一。

本书的两位作者创新性地整合了非暴力沟通在化解冲突方面的应用和流程，让我们从调解员的视角应用非暴力沟通。其彻底化解冲突的秘诀很简单，那就是看到并尊重双方的需要，运用带来联结的语言技能创造联结，满足双方的需要！我们可以用这个秘诀调解自己内心的冲突、跟别人之间的冲突，以及帮助调解他人之间的冲突。当我们拥有书中介绍的调解技能时，我们就可以不再害怕冲突，而是欢迎和拥抱冲突，在冲突发生的当下有勇气和智慧面对它，彻底化解它。这样，人们才会更享受关系、乐于联结，而不是碰到冲突就断开联结，甚至老死不相往来了。

我曾有幸分别和两位作者一起工作过，为他们的冲突调解工作坊承担翻译工作。两个人给我的印象是风格迥异，但又有共性。我认为他们的性格非常不同，艾克坚定，约翰更柔和一点。但共性是他们都很真诚，都非常处在当下和沉静，这种魅力让人无法抵挡，让人非常愿意跟他们接近。在这里，我用了一些评判的语言方式来表达我对他们的欣赏，这些只是我对他们的看法，不代表他们就是这样的人。我希望清晰地把这一点分享给看到这一段文字的读者朋友。当你阅读并练习观察和评判那个章节时，自然就会理解我为什么这么说了。

书中提到的观察、感受、需要和请求，是非暴力沟通流程中的四个要素。在最初接触非暴力沟通的时候，我觉得这非常简单，甚至一度认为非暴力沟通没有太多可学的东西。但是，经过十余年的探索和了解，我发现这四个要素依然还有可以深入了解的内容，还有能够深化应用的空间。另外，对于我们绝大多数人来讲，在成长的过程中，我们的语言习惯充满了评价、比较、命令和指责等，并没有在沟通中使用这四个要素，对这些方面并不是非常熟悉。在语言中熟练运用这四个要素，哪怕只是机械地应用，也能大大降低冲突的可能性！本书分享了十七个练习技巧！这在任何非暴力沟通书籍中，都是罕见的！

约翰写在后面的话，我读了几十遍，每一次都深受触动，有所共鸣和领悟。甚至此刻，当我想要引用他写的几句话时，我都无法舍弃其中的任何一句，希望全篇都放在这里。因此，我决定，还是请翻开本书的你自己去读全篇吧。如果你愿意，也可以先读一下这篇《约翰写在后面的话：在沟通技巧之外》，然后再阅读和练习书中前面的部分。他的这篇文章是非暴力沟通的精神内核，非暴力沟通升华了人性，让人不是在"你和我"的二元对立视角下解决问题，而是看到"我们"是同一种能量创造出来的，我和你都是"需要"的产物。这让我们有善意和勇气面对冲突。

非暴力沟通的最终目标，是让我们用自然的方式为人处事。也就是说，基于对当下的觉察，抱着联结的目的，用超越对错的思维方式，看见和尊重双方的需要。本书提供的方法就给了我们一个行之有效的路径，帮助我们最终去做到这一点。

非暴力沟通让我们看到，我们的一切行为都是经过内在选择的，目的都是为了满足美好的需要！因此，我们可以选择自己的回应方式，可以"选择"和平！

祝福我们每个人通过本书踏上和平的坦途！如果你需要寻找同行者，了解行进在这条坦途上的人的经验，欢迎到"NVC学习中心"来相聚。

NVC学习中心创始人

国际非暴力沟通中心（CNVC）认证培训师

艾克写在前面的话：
可怕的应激反应

多年前，有一次我与两位女性朋友走在旧金山街头时，有个男人突然调转方向，朝我们直冲过来。他的个头跟我差不多，但看起来比我小二十岁。他并没有撞到我们，但神态和举止都像是要对我们施暴。

我立刻进入了战斗状态。这个家伙侵犯了我们的私人空间，一直向我靠近。他的左手还在身侧握成了拳头。我以为他要打我，所以戒备了起来。我猜他可能喝醉了或者嗑了药。他头发里夹着沙砾，好像前一晚在野地里睡过。

看到两位女性朋友被这个男人吓坏了，我觉得我可以理直气壮地把他放倒在地，狠狠教训他。我记得当时自己义愤填膺，心里的念头是："我练合气道（一种格斗武术）好久了，现在正是该施展拳脚的时候，我要把这家伙好好痛揍一顿！"

我差一点就要付诸行动了。

但在那一刻，一个念头闪过我的脑海。动手之前，我对那个家伙说："你靠这么近，我会害怕，你可以退后几英尺[⊖]吗？"

那个男人睁大了眼睛，身体挺直了，往后退了一下。

我问他想要干什么。"我要钱。"他说。他松开左手，露出拳头里握着的几枚硬币。

我的内心混杂着放松、恼怒和困惑的感受。我没打算给他钱，还是觉得要防御——我还在战斗模式——因为他看上去对我和朋友仍有威胁。

但不知道为什么，意识到自己的防御状态倒让我有点好奇。我问他："你要钱是因为你需要帮助吗？"

他的脸部线条松弛了下来，顺口哼出一段歌词：

⊖　1 英尺约为 30 厘米。

"是的，哥们。

我需要支持，需要关怀，

我需要温柔，还需要爱。"

我听到自己长出了一口气，心情放松了一点儿。我把手伸进口袋，掏出一张钞票，折起来递给他。他瞄了一眼钞票，又看了看我，然后把头顶在我的胸前开始哭泣。"谢谢你。"他说。然后，跌跌撞撞地走开了。

我站在原地，为刚刚发生的事情而震惊。那个男人跟我之间不过寥寥数语，他为什么改变了？我又为什么改变了？两个陌生人马上就要大动干戈了，为什么却能如此快速地转为联结？

我低头思索，如果按照自己一开始的反应采取行动，会发生什么呢？如果我跟他互殴呢？想象一下，这会对双方造成多大的伤害，我们之间的隔阂会更大。

然后，我又发现，自己不是一定要听从肾上腺素的安排启动战斗模式。在关键的几秒钟内，我发现自己其实可以做出其他选择。这种意识的转变，让这场街头偶遇出现了完全不同的结果。

我常常想起这段经历。这段回忆时时提醒我，面对生活中的各种挑战时，可以用冷静的头脑慈悲回应。只要有足够的意识，我们就能避免惊慌失措的"战斗—逃跑—僵住"的应激反应，而选择以伤害程度较轻的方式回应。如此一来，我们就能展开大家都想要却难以实现的有意义的互动。

很少有人会时常面对陌生人的直接威胁，至少我们希望你不会常常被陌生人当面威胁。但多数人每天都会经历某种应激反应，而且一天中可能发生很多次，所以我们都要设法处理自动化应激反应造成的不和。

或许，早上孩子对你说的话（或沉默不语），让你发火；或许，你母亲打电话问的问题，令你神游；或许，同事又丢在你桌上的一份文件，让你心生不满。对这些"导火线"，你的反应可能是叫嚷或退缩，可能会无意识地寻找方法去惩罚对方，或是会在心里不断回想这些不公平的事，还跟别人大发牢骚。或是，你可能难以忍受这种紧张感，会试图逃避、隔绝这种感受。

简而言之，你可能会产生自动化应激反应，而不是选择你真正希望的回应。你可能采取一些表面上合乎逻辑却无法让人接受的战术，而代价是失去自己与他人之间长久的和平。

请将本书当作在面对日常生活的冲突时，急需的"操作手册"。如果你需要在生活中与困难、可怕、不愉快的事情奋战——我想大家都是这样——本书能够让你的想法更清晰，避免事后遗憾。学习如何用开放的心胸和视角，面对日常生活中的摩擦和挫折。不论做什么事情，你都可以试着运用这些意识技巧，用让自己聆听和沟通的方式，帮助自己做出更好的决定，建立更强有力的关系。

本书集十多年教学和学习经验之大成，是我和进行"调解人生"（Mediate Your Life）的另外一位培训师伙伴约翰·凯恩的心血结晶。这些洞见曾对我们的生活造成深远的影响，这促使我们跟大家分享心得。我们无从预测你会如何使用本书中足以改变生命的内容，但我们可以保证，你绝不会后悔打开这本书。

感谢你加入这趟旅程。

艾克·拉萨特

（Ike Lasater）

目 录

02

第二章　非暴力沟通四要素
——逃离自己诠释
的陷阱

03

第三章　到底发生了什么——
观察与评判

04

第四章 你的感受是什么
——寻找感受

05

第五章 行为背后的动机是
什么——寻找需要

06

第六章 你想要什么——
找到请求

总结

约翰写在后面的话：
在沟通技巧之外

附录

参考文献

CHOOSING PEACE

New Ways to Communicate to Reduce Stress, Create Connection, and Resolve Conflict

冲突与调解的新方式

何为"调解人生"

回应，而非反应

源自非暴力沟通（NVC）

本书的目标

如何使用本书

本书的结构

第一章

面对冲突不紧张——
创建联结，减少冲突

不论在什么情况下，我的回应决定了危机将会加剧还是减缓，对方会更具人性还是更没人性。

——歌德（Johann Wolfgang von Goethe）

　　萨莉以前都不知道还可以用这么大力气摔门而去。她跌跌撞撞地走过车道，怒气冲冲，泪眼婆娑。今天原本该为很特别的一周拉开帷幕的——她和哥哥姐姐上次相聚已经是大约五年前的事情了。萨莉本来下决心要让所有家人，尤其是马上要出院的妈妈，有一次愉快的相聚。

　　在萨莉的恳求下，哥哥格里搭乘跨洋航班飞回来看望妈妈，想确认妈妈的健康状况是否真的不能独自生活。姐姐佩格可能不想承认，但她确实没有像萨莉一样，每天去看望妈妈。在如何照顾妈妈的生活起居方面，三人即将做出艰难的决定，而萨莉一直指望格里能支持自己。然而，三兄妹在妈妈家第一次碰面就剑拔弩张。三个人一见面就开始说些让自己事后后悔的话，对话也变成互相叫喊和指责。萨莉就在这种情况下摔门而去，逃离了现场。

　　平时，萨莉会打电话给丈夫。但那天早上，她刚刚因为谁该请假去参加学校临时召开的家长会，和丈夫吵了一架。所以萨莉没打给丈夫，而是打给了好友艾丽莎。"为什么这种事情会发生在我家啊？"萨莉抽抽搭搭地说，"整个家支离破碎。"

＊＊＊＊＊＊

冲突是生活里不可避免的。但凡有人与人相处的地方，就会有冲突。很少有人会因为身陷冲突而欢欣雀跃；多数人都倾向于避免冲突，或假装没有冲突。一些人甚至避免使用"冲突"这个词，而改用其他说法，例如"摩擦"或"分歧"。不管怎么称呼，这种带来挑战、困难、压力的体验在生活里无处不在，人人都经历过。

广义而言，冲突指的是任何形式的紧张、对抗或者差异，造成痛苦或隔阂。通常来讲，两人或多人陷入争执时，就可以视之为冲突。你可能常常目睹这种冲突：乘客跟公交车司机吵架，两个孩子争抢玩具。你也可能常常直接卷入冲突中：与同事意见不合，因为时间安排或家务分配而与家人争执不休。

我们内心各种想法之间也会产生冲突，令我们左右为难，无法做出重大决定。处理内心冲突的方式，是我们回应外在冲突的重要影响因素。作为人类，我们感知到冲突时，不可避免地会产生生理反应。进入生理反应机制的时刻，我们的大脑会名副其实地"断线"——导致我们难以思考，无法选择事后不后悔的方式进行回应。

萨莉发现，自己现在不仅与哥哥姐姐之间有冲突，内心也很纠结。她和哥哥姐姐一样，此时都很希望能收回之前伤人的话。她最终摔门而去，中断沟通，而不是继续进行这场让人沮丧的对话。萨莉本来是不是可以做些事情，让这次兄妹相聚更为顺利？她怎样才能修补沟通失败造成的损害呢？

冲突与调解的新方式

"调解人生"课程开始时，我们会说明三项前提条件：

1. 在所有关系中，包括自我关系中，冲突都是与生俱来的。

2. 我们都无法抗拒大脑的"战斗—逃跑—僵住"的生存反应。这套反应模式在现代社会中，多数时候都无济于事（本书在提及这类反应时，会用"或战或逃""战斗—逃跑—僵住""应激反应"等说法轮流替换）。

3. 通过选择语言和提升觉察力，我们可以克服或战或逃的模式，将日常生活中的冲突转化为建立联结的机会。

让我们一起继续了解一下这三项前提条件会带来什么。

冲突是不可避免的。有时候仅仅是接受了这个事实，就有助于我们更从容地面对冲突。

冲突注定会发生，因为人是模式识别的生物，会遵循相同的模式。如果你曾经和伴侣因为同样的事情不断发生争执，就会知道模式是怎么一回事，也知道摆脱模式有多困难。我们每个人都有从过往经历中积累起来的脆弱、"引爆点"，这就会引发"战斗—逃跑—僵住"的反应。

冲突之所以发生，是因为人虽然是群居动物，却依然是独立的个体。越清晰地认识这一点，就越有可能想起建立期待中的联结的方法。

因为我们永远不可能真正对他人的体验感同身受，所以彼此产生误会实在是太容易了。我们是不是经常误解或过度解读他人的行为，认为他人对我们存有恶意？我们是不是经常因为无法解读他人的信息而错过一些东西？因为我们不具备"心灵感应"的能力，所以产生误解和冲突的时候只多不少。

心灵感应目前只存在于科幻小说中，但"蜥蜴脑"则不然。大脑科学研究已经发现，在发生冲突时，大脑的某些区域可能会联手给我们制造更大的麻烦。杏仁核（Amygdala，有些人戏称之为"蜥蜴脑"）是"战斗—逃跑—僵住"与情绪反应的根据地。它的角色和新皮层非常相同，新皮层负责自我引导或"执行功能"。大脑这两个部分之间的神经通道相对微弱，这意味着大多数基础情绪（恐惧、愤怒）可以轻易地主宰我们。

在我们被熊追杀的时候，蜥蜴脑和新皮层之间的联结微弱是一件好事。在这种情况下，我们当然希望身体把所有的能量集中在腿部，跑得越快越好，不要有意识地进行任何思考。但是当家人不经意的批评让我们肾上腺素瞬间飙升的时候，这就不是什么好事了。

如果你从未练习过如何回应冲突，一句不中听的评价就可能会导致局面失控，一发不可收拾。如果你的应激反应模式倾向于战斗，可能会说出或吼出伤人的、无济于事的话；你的肢体动作也可能会对周围的人造成威胁和伤害。

如果你的"战斗—逃跑—僵住"模式倾向于逃跑或僵住，你可能会逃跑以避免正面交锋，不然就是待在原地，哑口无言。

有些人会同时产生多重应激反应，就像萨莉那样，一开始与哥哥姐姐吵架，后来觉得必须逃跑。

这种反应方式非常浪费精力。事情能否有所不同呢？如果生活中没有了这些层出不穷的骚乱——我们不用一遇到刺激就像是弹球机里的弹珠一样互相反弹——那会有多美好啊。

"调解人生"提供了完全不同的面对冲突的方法，注重有选择地回应冲突而不只是自动化的本能反应。

我们的方法并不是教大家如何辨明是非、判断谁的策略更好、要怎么做才能"赢"。当你采纳了"调解人生"的方法，就是在培养一整套全新的、更好的习惯，来面对下一次的困难局面。通过练习，你会慢慢习惯从大局着眼面对冲突，选择自己使用的语言和肢体语言，确保与冲突有关的每个人都有机会试着完全理解他人的话。

"完全理解他人的话"其实并不像看起来这么简单，它可能是生活中最难学习的技能之一。这种技能不会感天动地。对大部分人而言，要培养以慈悲、乐意聆听的态度回应其他人的能力，需要反复练习，还需要使大脑神经之间的联结"重新布线"，改变应对冲突的习惯。

当你可以管理冲突带来的不适感，有意识地不断把注意力放在意见不同的事情上，听别人说话时不只听到使用的字句，还能听出背后的意图时，神奇的事情就会发生。当你可以根据所有相关者的需要来"调解"你的内心反应时，你可能会发现结果可以大大超出预期。

＊ ＊ ＊ ＊ ＊ ＊

萨莉本来也没期待妈妈的问题会轻易地解决，但她一直以为哥哥姐姐会听她的话，尽力帮忙。结果现在她却觉得他俩心怀疑虑，暗自作对。姐姐佩格觉得哄骗妈妈做她不想做的事，是"既无礼又不尊重人"的。哥哥格里怀疑妈妈是否真的像萨莉说的那样生活无法自理。萨莉说他离得太远，不可能知道确切的情况。这种说法让他充满戒备，满腔愤怒。

萨莉想起自己和格里后来的对话，情不自禁地把方向盘抓得更紧。

格里对萨莉说："你不觉得你这样太过分了吗？就因为你从来没搬走过，不代表你可以当家做主。妈妈还是老样子。她又不是只有你一个孩子。"

　　萨莉感到愤怒和屈辱，因此脸涨得通红，"妈妈才不是老样子。如果你真的关心她，多回来几次，就会看到区别。还有，妈妈的确就像是只有我一个孩子，因为只有我在乎她过得好不好！"

　　萨莉看到哥哥姐姐的脸上掠过痛苦和愤怒的表情。受伤、挫折和害怕的情绪汹涌而来，萨莉濒临崩溃，不知道接下来可以做什么。自我保护的直觉就在此时涌上，让她转身逃走。

何为"调解人生"

　　"调解"（Mediate）一词出自拉丁文，意思是"在中间"或"在之间"。调解就是协助两人、多人或团体间的沟通。

　　无论你是不是职业调解员，其实你每天都在做着各种各样的调解。有时是一件与你无关的争执，例如两个小孩想要同一件玩具，你想帮他们找到解决办法。甚至，你可能曾经当过自己与他人之间的业余调解员，例如试着仔细聆听老是跟你发生口角的邻居到底想说什么。也许，你常常在调解内心不同声音间的挣扎，例如，一方面想要抓住目前无聊但稳定的工作的安全感，另一方面又渴望更有趣但不太安稳的工作。

以我们的方式调解，是希望让敌对的各方最终同理倾听和理解彼此、建立联结。注意，让双方互相理解对方的观点，与让他们认同彼此的观点是不一样的。调解成功，指的是让原本疏离的双方，后来因为意识到彼此间共通的人性而觉得有所联结。技巧精湛的调解是让联结引导每个人走向解决问题的方案，化解冲突。

人们经常不知不觉地在尝试调解不同的冲突。然而，很少有人能做到有效的调解，因为人们几乎没有被教授过这些基本的技能——即使在正式的调解员培训中，也很少涉及。

"调解人生"的培训和练习课程，是为了传授这些重要技能而设计的，同时也能提升你在不同冲突中的觉察。这些培训和练习，让你知道如何更常态化地让自己保持冷静，让自己更清楚明了、更有同理心，以及如何运用并强化自己可能已经具备的调解直觉。

"调解人生"的做法还可以帮助你剖析自己内心的冲突，思索以下的重大问题：

- 如何才能构建让人满意的生活？
- 如何才能找出当下"是什么"？
- 如何才能在自己所做的事情中找到意义？
- 如何才能弄清楚自己想在人生中创造什么？
- 如何才能过忠于自己的人生，而不只是满足他人的期待？

- 如何才能弄清楚什么人、什么事对自己而言是最重要的？

- 如何运用时间？

- 如何找到勇气，真实地表达自己？

- 如何与他人互动，才能让我们都更有机会如愿以偿、满足需要？

- 在得知上面任意题的答案后，如何付诸行动？（还有，如何不断地找到答案？）

这些都是值得深思的问题！它们的重要性，一点也不亚于你选择如何度过这一生、如何采取行动。通过这些问题，你可以理清在生活中每一刻的状态，遵循自己内心深处的价值观。

回应，而非反应

希望读完本书后，你会兴奋地用全新的方式面对冲突。记住，在生活中，冲突是必然的。"调解人生"课程最颠覆性的核心信念就是，你其实可以与冲突自如地相处。当你学会"调解"自己内心的反应与他人的需要时，就会发生神奇的事情，因为你将学会回应冲突，而不是因为冲突而产生应激反应。我们之前已经提到这点，下面将进一步展开。

为了解释"回应"和"反应"的不同，不妨回头看看本章开头引用的段落，这是被广泛认为出自十九世纪的德国哲学家歌德的一句名言。

> "不论在什么情况下，
> 我的回应决定了
> 危机将会加剧还是减缓，
> 对方会更具人性还是更没人性。"

让我们仔细地一行一行地看这段话，并通过假设的例子思考其中的意义。

"不论在什么情况下……"

在生活的每一个时刻，对于接下来如何应对，我们有不同的选择。

范例A：当你快要迟到、正在赶时间时，有人趁着堵车加塞儿到你的车前面。

范例B：当他人的成功让你怀疑自己。

范例C：当家人说的话让你想起往日伤痛。

每个例子都代表某种情境、某种突发的情绪，可能会让你失控。接下来，会发生什么？

"……我的回应决定了……"

如果你在某个给你带来压力的场景中感到恼怒或者痛苦，可以不让自己因为恼怒、痛苦直接做出反应，对于接下来要做什么，可以更有力量地掌控，因为你的回应决定了——

"……危机将会加剧还是减缓……"

这里的"危机"可以指任何困难或紧张的局势。你的回应会带来明确的结果：事情是走向简单，还是变得更复杂。

"……对方会更具人性还是更没人性。"

如果你可以出自选择而回应，而不是陷入或战或逃模式而做出反应，对于接下来要采取什么行动，这在很大程度上取决于你认为对方或事件相关方是怎样的人。

让别人"更没人性"听起来有点极端。但是，回想一下你上一次跟别人意见不合、肾上腺素飙升的情形，或者最近一次对方做了或说了什么让你觉得完全崩溃的时候。在那个当下，是不是很容易把对方当作这个世上你痛恨、恐惧的一切？

而且，这种反应不是挺正常的吗？嗯，没错。

在令人沮丧的互动中，不"正常"的或是起码我们一般不会采取的模式，是同理倾听对方，让对方更具人性。我们很可能想狠狠地敲对方的脑袋，而不是试着想象他也跟我们一样是人，也有着一样的需要。

这是我们开设"调解人生"系列课程的原因：分享一套"傻瓜式"的公式，让你知道在困境中可以如何有选择地回应，而非自动化反应。一旦了解了自己大脑中独特的"战斗—逃跑—僵住"模式，就可以学习如何克服它，并从容地回应冲突，将日常生活中遇到的纷争转化为建立联结的机会。

让我们看看之前假设的例子，事情会怎么发展。

范例A： 当你快要迟到、正在赶时间时，有人趁着堵车加塞儿到你的车前面。

某天，你已经快迟到了，却有个混蛋在你前面加塞儿，你狂按喇叭，竖起中指来表达你的愤怒。

——或者——

你深呼吸，体会胃部紧缩的感觉，花一点儿时间平息满腔怒火，然后试着想象，那辆车里、那位漫不经心的司机可能发生了什么事。当你对那个司机产生了一点点同理心时，就会知道如何更冷静地处理自己赶时间的情况。

在情绪激动的当下，第二种回应可能会让你感觉不太满意。但扣心自问：哪一种方式让你能缓和危机？哪一种方式对你、对周遭的人比较安全？哪一种方式让你有更多的掌控感？

范例B： 当他人的成功让你怀疑自己。

在某个公开的工作场合，同事被点名夸奖，你羡慕这位同事，替他高兴之余，也产生了强烈的自我怀疑，暗自指责自己不够优秀，没有晋升的机会。

——或者——

你发现自己觉得悲伤、心绪不宁，意识到自己多么重视是否对公司有所贡献。继续这样思考，你发现了更多：关心同事、庆祝他们取得的成就对你而言很重要。这时，你对同事有了感激之情。然后，你还想起，同事也曾当面肯定过你的一些优势，并提供建设性的反馈意见，让你可以持续改进工作上的表现。

同样，第二种回应比较困难。事实上你没有怨怼那位同事，但是却自动化地自我批评，没有看到自己的人性！每当我们轻易陷入羞愧和自责的循环时，会看不到自己的人性，也限制了自己对世界能做的贡献。

范例C： 当家人说的话让你想起往日伤痛。

当你和表姐说你想要当个老师的时候，她看起来很惊讶，然后脱口而出："你都算不上是全优生。"你直接回怼："为什么你总是想让我觉得自己很失败？"借此掩饰自己的愤怒与尴尬。

——或者——

在采取必要的步骤聆听表姐的客观描述而不是做出负面反应后，你诚实地回答："的确，我的平均分数不算完美。但你还记得我爸妈离婚、我的状况一塌糊涂的那年，老师有多支持我吗？还有，还记得维吉亚诺先生说服我参加辩论队吗？我想要像帮助我的老师一样，帮助其他孩子。"

第二种回应可能缓解了表姐的尴尬：她说的话也许原本没有批评的意思。第二种回应还表明，你在家庭里原有角色的改变可能让她觉得不自在。你不需要忽略她的惊讶以及特定的语言让你"备受打击"这个事实，但你可以采取一些步骤，试着找出她语言背后的意图，让自己走出伤痛。你原本想用"为什么你总是……"来接她的话，这种回应意味着你们俩可能正在被童年时形成的对彼此的印象所束缚，而且你们对彼此的印象正在妨碍流畅的沟通。为了帮助表姐理解你职业生涯的转变，你可以选择与她进一步分享你想要成为老师的原因，即使其中有些原因可能会让你觉得脆弱。如果双方可以在相互信任、彼此怀着善意的氛围中互动，接下来的对话会顺利得多。即使只有你单方面着力营造这种氛围，你和她的互动仍然有可能变得更友善和更坦诚。

呼！当你能调解自己的反应，选择对对方的视角产生好奇心，试图"明白"对方的意图时，事情就可能朝上述第二种情景发展。当你对他人的言词或行为能够有意识地做出回应而非自动化反应时，你的回应确实会决定"危机会加剧或减缓、对方会更具人性或更没人性"。也许你也已经注意到了，带给我们麻烦的常常是因为看不到他人（或我们自己）的人性。

源自非暴力沟通（NVC）

"调解人生"的方法基于非暴力沟通（NVC）发展而来。非暴力沟通是世界知名的临床心理学家马歇尔·卢森堡博士于1960年创造的语言模式，他向全世界推广这种减少暴力、实现和平的技能。此后几十年，他在全球六十多个国家进行非暴力沟通的培训以及化解冲突的课程，有时还会挺身而出，在饱受战争摧残的地方调解冲突。

非暴力沟通提供了一个框架，或者叫"怎么做"的指引，与很多符合人性的精神传承相符。它提供了一种方式，让我们摈弃一切先入为主的假设与偏见，把注意力集中在事情当下的"实际情况"。这样一来，大家就能以全新的眼光和心态看待世界，也更能常常选择以慈悲心回应他人。

我们在90年代初识非暴力沟通，它的世界观令人耳目一新，我们为之折服，并立刻把它融入自己的生活，不久后开始教授他人。然而我们很快就发现，当充满压力的情景触发"或战或逃"的反应机制时，非暴力沟通的基本模型有所不足。在人们最需要非暴力沟通的时候，往往最难运用其中技巧。确实，当人们防范意识高涨、怒气冲冲时，非暴力沟通似乎变成了难以捉摸的工具。

在培训学员运用非暴力沟通调解冲突时，我们也留意到有类似上述的状况出现。以前人们假设，调解是由一位调解员协助两人或更多人解决他们之间产生的冲突，其实这件事颇有挑战性。若让调解发挥最大功效，调解员需要有能力调解自己内心的冲突，特别是那些应对客户的自动化反应时产生的内心冲突。他们还需要流程化的指导来处理人们不同类型的纠纷和沟通陷阱。在这些情况下，仅靠非暴力沟通本身是不够的。

有了上述发现后，我们开始设计自己的基本操作步骤指南，或称为"地图"，引领学员在不同类型的冲突情景中航行。我们为每种情景设计专门的地图，并将它们融入培训中。随着时间的推移，我们设计了各种有细微差别的练习，让我们的学员在最初称为"非暴力沟通调解"方法的帮助下，练习如何走出自身内心的和人与人之间的冲突。

最终，在明确了我们的使命，那就是协助大家敏锐地识别自己的"或战或逃"模式，以支持个人调解生活中的冲突以及内心的冲突后，"非暴力沟通调解"发展成为"调解人生"。因此，虽然我们的工作是

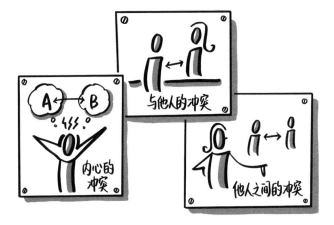

以正式的调解（两人之间的冲突）为出发点，但后来扩展至一个人可能面临的所有冲突的类型：自己的内心冲突、自己与他人的冲突、他人之间的冲突。

尽管如此，非暴力沟通仍然是"调解人生"的重要基因，这不仅仅因为我们俩人（约翰和艾克）对非暴力沟通的敬重，还有马歇尔·卢森堡促成了我们的一次合作，才让我们成为培训搭档。

2001年下半年，卢森堡博士计划前往巴基斯坦，为阿富汗难民提供非暴力沟通培训。我们两人分别向他提出请求，希望和他一同前往，博士很慷慨地答应了。你想必记得，当时"911恐怖袭击事件"刚落幕、美国与阿富汗刚开战，那片地区的局势变幻莫测。出于切身的安全考虑，卢森堡博士最终决定不去巴基斯坦了。而我们当时已经抵达那里，并在白沙瓦为阿富汗部落长老提供了三天的培训。白沙瓦距离巴基斯坦和阿富汗的边界只有五十公里。

在那里，我们亲眼见证了非暴力沟通如何卓有成效地跨越文化和语言的鸿沟，这让我们惊讶不已。我们看到，当长老们觉得有人在聆听他们倾诉重要的事情时，能带来巨大的力量，也让我们彼此间有了深入的联结。在培训的最后一天，长老们因为我们能否在祈祷时参观清真寺而开始争吵。通过翻译的帮助，我们用非暴力沟通调解方法，理清每个人对此事的顾虑，并最终达成所有人都可以接受的约定。事后，一位长老两眼含泪地来找我们，他的话让我们终生难忘："如果大家都能这么做（他的意思是，用非暴力沟通调解冲突危机），我们根本不需要战争。"

受到这次培训经验的鼓舞，我们开始定期安排在美国三藩市的湾区开展非暴力沟通冲突调解培训，那里也是我们当时各自家庭的所在地。一开始我们提供为期八周的课程，还有周末开办的工作坊。之后十一年间，几经改版，我们持续建构了后来形成的"调解人生"的方法，并设计相关的练习，尽可能帮助我们的学员养成全新的应对冲突的习惯。

身为培训师，我们两人各有所长，一起带领培训时，我们发现了独特的协同效果。最终，我们共同设计了"梦想培训课程"，并付诸实践。在非暴力沟通冲突调解的"沉浸式课程"的第一年，进展不太顺利。感谢早期学员开诚布公地反馈意见，让我们能持续地改善沉浸式体验的培训，直到学员都可以加速吸收教材内容，同时仍能完全掌握自己学习的步调。从一开始，我们就鼓励学员在培训的练习中，使用生活中真实的冲突，包括任何可能发生在学员间、甚至学员和我们之间的冲突都行。练习的真实性突显了"调解人生"地图的可靠性，也让学员当下就能看到效果。我们从不后悔采用这种"真实冲突"的模式，因为这让学员有信心将"调解人生"的方法运用到生活和团体中的任何冲突中。

过去十年来，我们在澳大利亚、波兰、韩国以及全美各地进行沉浸式培训，与学员共同成长。有些学员现在和我们一起进行培训，或者开展以"调解人生"为基础的咨询服务。我们做梦也没有想到，源自对非暴力沟通的热情而建立的伙伴关系，会逐渐进化为全球认可的方法，可以在任何情景中处理冲突，在解决冲突的前期、中期、后期"选择和平"。我们把自己的职业生涯奉献给这项工作，因为它真的有效。我们对这套方法深信不疑，因为我们亲眼看见"调解人生"的方法如何改变了我们自己的人生。

艾克认为这项工作十分重要的原因

从艾扬格瑜伽（Iyengar Yoga）、曹洞禅修（Soto Zen）、声音对话、心理治疗到合气道，我试过的所有东西中，最有效的就是现在用的这个方法。

我一直借助非暴力沟通和"调解人生"的方法积极转化我的个人生活——这是我和约翰·凯恩从我们共同学习的非暴力沟通发展出来的。我每天都在生活里实践我教授别人的技能，这帮助我让自己的行为和价值观保持一致。就如我在本书"写在前面的话"中所分享的，如果我的价值观是尊重待人，那么当内心想着当街揍人时，我就言行不一致了。我研究过的精神疗愈方法中，多数都会列出人们应追求的理想目标，但都没有提供能让我即时评估的工具，让我知道我当下的行为是否与这些理想目标相符。

我发现"调解人生"的方法最能有效地帮助我警醒，并让我保持觉察；帮助我意识到自己何时会做出或说出可能会后悔的事，给我方法修正航道。它允许我通过行为，重塑我的为人处世之道，实现期待中自己的样子。我相信人可以通过行为重建自我，这也是"调解人生"方法的信念。有由衷坚信的原则和价值观是很好的事情，但如果我们不能在言行举止中彻底展现这些原则和价值观，它们就只会成为我们批评和惩罚自己的规条。

使用"调解人生"的方法，你可以关注自己的行为，并反思它与你的价值观是否一致，同时还能跳出自责的陷阱。相信我，这不是否认什么，也不是"放过自己"，而是一种自我提升的策略。因为鞭策自己或试图利用羞愧来激励自己做什么（或不做什么）通常会适得其反，进一步强化你本就苦恼的那些行为。

在"调解人生"的道路上，我遇到很多与我的人生经历截然不同的人。有幸拥有非暴力沟通和"调解人生"的方法和工具，让我与他们可以深入交流，尽可能地倾听他人，践行"穿他们的鞋行走"，并理解在特定情况下是什么激励或者驱动了他们的行为。有了这种理解，我能做到关心那些并不熟悉的人——这对我来说既谦逊又满足。

我急迫地想要分享"调解人生"的方法。我已年逾花甲，三代同堂。我非常关心要留给我的儿孙们和所有孩子的这个世界。这就是为什么我想用"调解人生"课程来帮助你和你所爱的人过上更充实而满意的生活的原因。对这个课程来说，它每帮到一个人，都是一件好事。通过改变人与人之间哪怕是最小的冲突的应对方式，我们可以一人一人地、一个社区一个社区地培养起同理心与合作的习惯，最后可能会弥合分裂我们的巨大鸿沟。"调解人生"课程中列出的习惯可以改变生活。当我们应对气候变化、宗教冲突、资源战争，还有威胁我们生存的其他挑战时，这些习惯真的可以挽救生命。

约翰认为这项工作十分重要的原因

我相信每个人都有能力解决冲突并从中疗愈。只要他愿意投入时间，我相信任何人真的都可以学会。我相信"调解人生"中的观念将对人性的积极进化做出贡献。正如一根蜡烛的光可以照亮整个房间一样，掌握"调解人生"方法的每一位学员最终也可以帮助人们改变应对冲突的方式。

如果没有非暴力沟通和"调解人生"，我的生活会截然不同。现在，我很幸运地结了婚并生下了三个快乐、健康、茁壮成长的孩子。相信我，如果没有非暴力沟通的调解方式，这一切都不可能发生。我如今正在教授这项让我引以为豪的技能，如果没有它的指导，我相信我不会结婚，当然更不知道该怎么做父母。

　　"调解人生"方法使用"三把椅子"模型作为基本框架。通过将两方对立的观点坦陈相告给一位善解人意的第三者而发生转变。对我来说，这个三元论代表了神圣的三位一体，或者说是一种圣洁的几何运用，其中对抗的作用力在更高层次上找到了集成和整合的方法。使用这种方法的过程可能让人觉得要小心翼翼，但是非常值得。最终，它能够驾驭冲突中存在的巨大潜能和力量，并将这些能量引导到更积极的方向。

　　和世界上其他千千万万人一样，艾克和我从马歇尔·卢森堡那里继承了非暴力沟通的遗产，对此我们都深表感激。我们通过"调解人生"使这份遗产发扬光大，这些非暴力沟通的技能可以修复最为破碎、看似绝望的关系。

　　如今，学习这种在冲突中建立联结的能力势在必行。小到我们的日常生活，大到人类所处的星球，未来的可持续发展都将取决于它。

本书的目标

想一想自己的生活经历，留意一下你的行为模式：

• 你是否倾向于避免冲突，并避开与你意见不同的人？

• 在经历过重大压力事件后，你是否很长时间都会觉得烦躁不安？

你是否会在脑海中无休止地重播这次事件，并且一遍又一遍地体验随之而来的不愉快感受？

・你是否因为你做过的事或说过的话——或者因为你没有做的事或没说的话而自责？你脑子里有无情的自我评判的声音吗？

・当你对某人生气时，你是否认为他是坏人？

・当有人建议你可以改变做法时，你是否变得有防御心和愤怒？

・你有时是否会给人一种无所谓的姿态来回应冲突，即故意无视对方？

如果对以上任何一个问题回答了"是"，那么这本书就是为你准备的。

如果想拥有更满意和更丰富的关系，这本书适合你。

如果你想清楚地了解自己是谁、还想成为什么样的人，以及怎样过上尽可能的最好的生活，那么这本书绝对适合你。

在你生活中最艰难、最棘手的时候，可以把这本书当作一位向导。

这本书就像是身边一位头脑清醒的朋友，当你遇到像萨莉那样的情况时可以帮你调整呼吸并保持冷静。通过足够的练习，最终你也会成为那位头脑清醒的朋友。改变了面对冲突的反应方式，你将为自己和他人创造更美好的生活。

你现在的生活中反复出现的冲突是什么样的？也许是你和他人的关系中存在着诸多不信任；也可能是你自己或身边的人经常轻易触动或战或逃的反应；又或许是在面对冲突时，你明知道会火上浇油，但仍然习惯性地以加剧危机而非化解危机的方式去应对。

在面对个人生活中以及更广阔世界中的冲突时，你更愿意做什么呢？培养纠正自己的能力，并且选择说可以让事情好转的话？还是继续那些加剧冲突的行为习惯和模式？

这本书以及整套"调解人生"系列丛书，可以帮助你做出选择。如果你学会了"调解人生"的方法并坚持不懈地实践它，我们预测你将：

· 识别自己在压力下的"战斗—逃跑—僵住"模式，并能够摆脱这种模式的控制。

· 更能以事后感觉良好的方式回应冲突。

· 寻找一种更温和的方法来处理困境。

· 能够更有技巧地倾听，而不去评判对方的观点是"错的"或"坏的"。

· 学会更清晰地表达自己，也帮助对方表达得更清晰。

· 善待自己以及和自己关系紧密的人。

· 与他人进行更高质量的互动、更深刻的联结。

· 在你的生活中创造更多的和平与慈悲。

如何使用本书

在过去十年中，"调解人生"工作坊和沉浸式课程吸引了来自世界各地的几千名学员。许多人敦促我们出版自己的培训手册，并撰写关于非暴力沟通冲突调解方法的书籍，让我们的工作可以覆盖更广泛的受众。很多学员继续在他们的团体和工作场所向其他人传授"调解人生"的方法，他们也需要与你手中的这本书类似的资料。

我们很高兴能分享在"调解人生"沉浸式课程中开发的意识技巧和练习方法。但是，正如我们的学员可以告诉你的那样，这些材料不是读一遍后就可以立竿见影。看到真正的变化需要付出更多努力。要从本书提供的工具中受益，你需要亲身尝试和练习。这本书将帮助你摆脱效率较低的互动方式，并用更有效的沟通模式和行为反应来代替它们。

就像你读完一本教游泳的书不会突然学会游泳一样，你也不会因为读了一本不同沟通方式的书后，在第一次尝试时就能够完美地做到。你可以把这本书看成获得全新思维方式的第一步。再延伸一下游泳的比喻，你可以先把脚趾浸到水里，然后把脚弄湿。最终，你会在浅水区中找到舒适的位置，然后逐渐尝试水更深的地方，直到能从海滩的一边游到另一边。

如果你是非暴力沟通冲突调解的新手，那么这本书将帮助你把脚浸湿。如果你已经有了一些经验，它会加深你对基本概念的理解，增强你的信心。如果你长期从事非暴力沟通调解工作，那么可能会喜欢这本书，因为它将帮助你强化你每天都在使用的技能和教学能力。

无论你处于哪个阶段，我们都邀请大家各取所需，并让其中最有意义的部分渗透到你生活的交流互动当中。本书中的每一个故事都是一个救生圈或者一座灯塔，在你需要的时候支持你，并引导你抵达安全的地方。

与其他自我提升计划不同，你并不需要投资大量特殊装备或留出大量时间来实现目标。我们只是请你把本书中读到的所有内容都为你所用。也就是说，吸收本书内容，并让它成为你的技能。读书时，尽你最大的努力去践行这些理念，这样你就可以亲眼见证这些方法给你带来的收获。坚持下去，当能够更多地与自己和平相处，并且与他人建立联结（真正的联结）时，你会看见生活中发生的变化。通过本书建议你进行的练习，你会发现自己的焦虑程度有所降低，处理困难对话的能力会提升很多。

你可以使用书中的练习来反思日常生活中发生的任何事情，以便从中学习。所有的经历都可以用来练习。这里没有失败，只有更多的成长养分。尽量使用出现在书中的每一个"暂停下来做练习"

（Practice Pause）。真的想加快进度的话，找一个学习伙伴，这样你就可以一起练习我们分享的十七种技巧。

留意每一天的生活中可以练习的机会。这些技能的绝妙之处在于，你可以在任何地方、任何时间，跟任何与你互动交流的人练习，包括所有的人——从朋友到老板，或者附近店里的咖啡师。所以，不要让任何借口妨碍你好好利用本书。尽早开始，你就能尽早创建更有意义的关系并建设你想要的生活，与你生活在一起的人就会越早开始注意到你的变化。

本书的结构

本书的大部分章节展示了我们在教授非暴力沟通课程中的构建模块。如果把整个"调解人生"系列比作飞行驾驶操作手册，那么本书就是驾驶舱仪表盘说明书。

即使从未阅读过"调解人生"系列的任何其他书籍，只要你坚持进行这本书中的练习，就会得到更多的平静，也更能掌控自己的反应。

我们的"调解人生"课程会教授非暴力沟通的模型，本书的第二章到第六章清楚地说明了这些模型。NVC即非暴力沟通，有时还会被称作其他名称，例如同理心沟通或协作式沟通。不管它叫什么名称，非暴力沟通模型建立在四个要素基础上：观察（Observations）、感受（Feelings）、需要（Needs）和请求（Requests）。有时，这四个要素用首字母缩略词OFNR来代替。积累了足够的经验之后，OFNR将极大地撼动你对这个世界的看法，深刻地影响你和周遭世界的沟通。

第二章为理解并运用非暴力沟通的四个基本要素奠定了基础。这一章描述了同理倾听后心理上的受益，以及怎样使用OFNR加上同理倾听来促进非常重要的"转变"，或者缓解关系不和的人之间的紧张局势。

第三章区分了观察和评判。你可能认为自己已经了解其中的区别，但本章告诉我们大部分人还是经常将两者混淆，尤其是在发生冲突的情况下。

第四章整章都在探讨感受，特别是在情绪高涨时被感受淹没和诠释感受之后会造成的危险情况。我们和对方谈及自己感受的不同方式可能会燃起冲突或有助于解决冲突。本章展示了一种谈论感受的方法，使说话者的意图更明确，同时也能减少听者和说话者双方的不安。

第五章区分了需要和策略。在详细定义非暴力沟通语境中的"需要"之后，大家就会知道，找出对方的需要为什么能非常有效地让局面清晰、平息事态，这在冲突发生时效果尤其显著。本章还阐明了需要和策略的区别，以及当你觉察到使用过的策略时，如何找到自己的需要。

第六章传达了一个理念，提出请求是多么简单但神奇的事情。如果你很难知道自己或者周围的人想要什么，那么本章可能会让你大吃一惊。在区分请求和需要之后，本章解释了如何最有效地提出请求。

总结重申了本书的宗旨：支持你学习并掌握一项技能，能够在外界刺激和你非战即逃的反应之间创造更多的空间，这样你就有机会选择和平。如果你在本书中能够看到改善和自己或者他人的联结的可能性，那么再看一看我们在"调解人生"系列其他书中所涉及的领域，你应该也会感兴趣。

《约翰·凯恩写在后面的话：在沟通技巧之外》是通往各种新的可能性的路径。其中，约翰追述了马歇尔·卢森堡留下的精神遗产，也向我们展示了新的生活方式的前景。通过马歇尔展示给人们的东西，用超越语言的形式来体现本书中的各项技能和关键区分所指向的觉醒，约翰认为这极其重要。这种觉察恰恰是选择和平的关键。

＊＊＊＊＊＊

　　萨莉把她的车停在路边，这样她就可以继续和艾丽莎通话。和老朋友一聊起来，她就感觉到身体里的紧张感开始慢慢消散。

　　"现在你听起来有点害怕，不知所措。"艾丽莎说，"我想知道你是否需要一些支持和休息。"

　　"是的！"当萨莉啜泣着把这个词说出口时，自己都很惊讶。听到有人用语言来形容她刚刚经历的所有愤怒和困惑，感觉真是太好了。

　　"我猜你的哥哥姐姐可能对事情的发展觉得害怕和悲伤，"艾丽莎继续说，"我也想知道他们是不是需要听到他们对你很重要，他们以自己的方式为母亲、为你做出了贡献。"

　　"嗯，他们确实有贡献。"萨莉回答说，"佩格周末经常加班，但她只要周末休息就会来看妈妈。格里特别会给妈妈鼓劲，妈妈很喜欢他寄来的那些搞笑小贺卡。但现在我真的需要格里和佩格来认真对待……"

　　"你能告诉我你所说的'认真'是什么意思吗？你对他们两人分别有什么具体的请求吗？"

　　……

　　十分钟后，萨莉回到妈妈家，看到姐姐的车停在车道上，她觉得既欣慰又惶恐。她深吸了口气，在心里演练了一下道歉，还有刚刚和艾丽莎练习说出的请求。萨莉知道这并不容易，但她爱她的哥哥姐姐，并下定决心这次不要被压力之下产生的自动化反应冲昏头脑。认识到格里的哪些话让她这么生气会有帮助。记住观察—感受—需要—请求（OFNR）也会有所帮助。萨莉满怀希望和平静，大步踏上她儿时的家门前的步道，轻轻敲了敲门，然后开门进去。

CHOOSING
PEACE

New Ways to Communicate to Reduce Stress, Create Connection, and Resolve Conflict

沟通的四要素

带来改变的关键区分

实现意图的工具

梳理不同的现实，关注当下

被倾听的心理益处

实践的重要性

第二章
非暴力沟通四要素——
逃离自己诠释的陷阱

在刺激和反应之间，有一片空间，
让我们有选择回应的余地。
在回应中，我们成长，得到自由。
　　——维克多·弗兰克尔（Victor Frankl）

佩格坐在沙发上，笨拙地蜷着一条腿坐着。抬起头，她看到了妈妈客厅吊扇的扇叶上堆积着厚厚的灰尘。她想她应该把梯子拉出来，好好清理干净，但格里却迫不及待地开始说话了。

"我真想知道，萨莉什么时候变成专家了！"格里用手指把头发往脑后拢着，直到头顶上头发根根立起。他在地毯上来回踱步，边说边颤抖地甩动着手指，"你有没有听到她把我们说得一无是处？她怎么能对我们说出那些话？"

"萨莉太自私了，"佩格叹了口气。妹妹的话刺痛了她。说了那么多，佩格都快哭了。她控制着没有让自己哭出来，因为不想让妹妹知道她做的一切都会影响到自己。

格里抓起他的手机，这样他就可以给妹妹打电话，继续吵架。"萨莉说妈妈记忆力有问题？"格里发出嘶哑的笑声，"我想说记性有问题的是这个在大学上什么'医学人类学'的妹妹，现在她倒当自己是个医生了。"

佩格感受到了和前夫吵架时那种筋疲力尽的感觉。听着哥哥在给萨莉的语音留言中一遍又一遍咆哮时，佩格真希望自己能蜷缩在沙发垫上，闭上眼睛，然后消失。

* * * * * *

一旦和他人有了激烈的矛盾，人就很容易陷入一种类似戒备的状态。这就像一只狗守着一根骨头，怕其他狗眼红抢食一样。你的视野范围缩小了，就只看到危险。从这个视角看，他人做的几乎任何事情都会被你当作是对你的冒犯。

请留心觉察自己"战斗—逃跑—僵住"的反应和随之而来的"自动驾驶"模式是如何引发这种防御姿态的。格里和佩格都退行到旧日的冲突应对习惯当中，其中一些行为习惯是他们在同住一个屋檐下长大的岁月里相互影响发展而来的。格里的冲突习惯是为战斗做好准备，并且召集其他人加入他的队列。面对冲突总是示弱的佩格则渴望摆脱对抗，并尽量保持距离。

就像逃离现场的妹妹萨莉一样，格里和佩格也被触发了人类原始的应激反应模式。请注意，这个手足间的战斗—逃跑—僵住反应并不是因为面临任何身体上的危险。随着大家的言语交锋，三个人都经历了快速的神经化学反应。言语有这种力量——它不但会让原有的紧张氛围升级，还会制造新的紧张局势。

然而没那么明显的是：引发应激反应的不仅是哥哥姐姐言语背后的**意图**，屋里每个人对话语的**诠释**也会引发自己的应激反应。

后面这一点值得我们多想一想。我们不仅会为别人对我们说的话生气，我们还会被自己对别人话语的诠释一触即发。我们的生理反应往往是自己内心恐惧的产物。

因此，无论萨莉想传递给她的哥哥姐姐什么样的信息，对他们的影响都小于他们自己对这些信息的诠释。每个人都用他的先入为主的想法和内心的焦虑来过滤接收到的信息。

当萨莉沮丧地脱口而出"还不如妈妈就只有我一个孩子"时，格里和佩格听到的是她在告诉他们："你不重要！"

当萨莉说"我是唯一一个在乎'妈妈的幸福'的人"时，格里和佩格听到的是："你们都在推卸责任，没有用应有的方式去爱和关心妈妈。"

当萨莉强迫她的哥哥姐姐从她的角度看问题时，格里听到的是萨莉在傲慢地宣称自己是兄弟姐妹中最好的人、最了解妈妈情况的人。佩格也是这样认为的，一想到被妹妹评判，她就有怨恨的感觉，好像萨莉一直在和她竞争一样。

当然，在唇枪舌剑中，兄妹们没有谁能把自己的诠释解读得那么清晰。相反，他们三个人的话成功地激起了彼此的愤怒、羞愧、不安和痛苦，使他们暂时都失去了理性行动的能力。

PRACTICE **暂停下来做练习**

回想最近的某次互动，你感觉与某人失去了联结。你能指出是什么想法或诠释导致了这种情况的发生吗？

沟通的四要素

想象一下，每一次矛盾升级到无法控制的时候，你能像读剧本一样，从争吵的炼狱中倒放回去，研究每个人是从哪句话开始火上浇油的。比剧本还要更加方便的是地图。在胶着的对话中穿行时，它可以帮你避开那些会点燃火药的引线。或者是一个"应用程序"（APP），会提醒你谈话的初衷——这一次你原本决心不对你青春期的孩子大喊大叫，而是去示范你想和他进行的那种平和的交流。

实际上，我们在"调解人生"培训中使用了这三种工具的所有变体。我们重演过去的冲突，研究它，并从中学习。通过"调解人生"，我们帮你做好准备，从容应对未来的冲突。我们展示给你如何设计自己的"APP"或内置提醒，以便在发生冲突的时候帮助你牢记初心。

我们培训的核心是非暴力沟通（NVC）的四要素。这些关键要素可以帮助你思考和表达，也更有可能帮助你建立良好的人际关系。

这四要素分别是：观察、感受、需要、请求。

了解这四个要素的最好办法是看看它们是怎么用的。

在下面的例子中，说话人使用观察、感受和需要来思考和交流他不喜欢的地方。然后提出请求，建议对方做出某种改变。

当你没说再见就离开家时，（观察）	我感到悲伤和孤独，（感受）
因为我真的很喜欢早上有人陪伴。（需要）	你愿意每天出门前给我一个吻吗？（请求）

使用这四个要素的绝妙之处在于什么呢？这样，请想象一下如果没有这些要素，对话以下面的方式呈现。

你每天早上都让我失望，（哎哟，评判出现了）	我觉得被拒绝和抛弃了，（"拟似感受"，或带有指责意味的"感受"）
我不应该忍受你的冷淡。（评判，没有说明自己的需要）	你什么时候能对我更有爱心一点儿？（评判，没有明确提出请求）

让我们来看看，语言是如何彻底地塑造我们的认知。阅读第二段对话时，你是否觉得身体紧张起来？毋庸置疑，我们可以轻易看出哪段话更有可能改变对方。这四个基本要素能保证说话者头脑清醒，并保持与对方的联结。

请注意**观察**的表达里体现的慎重和关切。"当你没说再见就离开家时"与"当你每天早上都让我失望"截然不同。后者是一种评判，会使听者生气和防御，并且几乎肯定听不进去你接下来可能说的其他任何内容了。

在第一段话中，**感受**是"悲伤"和"孤独"。也许你心里隐藏的诗人更喜欢戏剧化一些的形容词，比如"被拒绝"和"被抛弃"，但坚持最简单的感受描述会更有效。因为这样你可以专注于自己当下的体验，而不会含沙射影。

现在，让我们明确一下**需要**的概念。"我真的很喜欢早上有人陪伴"，是专注于你自己或者你能想到的所有人都会希望拥有的——陪伴。（在其他情况下，可能会是别的需要，比如食物、休息、放松、爱或玩耍。）而第二段话中，"我不应该忍受你的冷淡"暗示了说话者的需要，但这种需要被隐藏了起来，说话者本人都没能清晰地指出来。他做出的举动是被动攻击，更专注于责备对方而不是说清楚问题所在。

对方会如何回应？即便他在接收到第二段话中所有的评判时能设法保持冷静，那么"你什么时候能对我更有爱心一点儿？"这个问题可能会让他无法继续冷静。这不是一句真正的请求，而是一个既伤人又令人发狂的模糊的要求，没有可行性。如果说话者问"你愿意每天出门前给我一个吻吗？"这样的请求就非常明确。对方也不会因为该请求而觉得被指责或者被惩罚了。

那么，让我们再问一遍，使用这四个要素的绝妙之处是什么呢？魔力在于这四个要素能让语言为你服务。

我们已经了解了语言是如何断开联结的。除此之外，语言还能塑造你的现实。举个例子：如果你一开始就认为某人是个"混蛋"，那么很有可能在你和他的相处中，他表现得越来越像一个混蛋。从不带评判的**观察**开始，能让你更清楚地了解对方的行为，并且可以帮助你把自己的**感受**和对事情产生的反应区分开来。为你的感受命名，可以帮助你弄清楚自己的**需要**。一旦你确切地知道自己的需要，就可以用**请求**而不是指责别人的方式来满足它，从而得到想要的结果。

带来改变的关键区分

教授非暴力沟通的人常把沟通的四要素称为"OFNR"，有时（更经常）发成"off-ner"的音。我们不会拿这个发音开玩笑，只要你记得使用OFNR，就会更经常地并且很开心地看到自己的人际关系逐渐改善。

为了更好地运用OFNR，关键在于能够区分：

以下是对每一个要素更深入的解析，并让每个要素更加有效的关键语言区分。

观察

观察=是什么刺激了你当下的感受，说出你观察到的内容。

请注意观察和评判之间的巨大差别。"我把盘子掉在地上，它摔坏了"是一种观察；"我很傻，什么都做不好"是一个评判。当你学会了区分观察和评判，就创造出一个空间，用不同的方式来诠释这个世界。

观察与评判

评判："她又粗鲁又刻薄。"

观察："我不喜欢她拿我的体重开玩笑。"

感受

感受=由于对刺激的某种诠释而产生的身体上的感觉。

这里的关键区分在于，真实感受和我们所说的"拟似感受"之间的区别（见附录A和附录B）。后者是形容词⊖，虽然通常也被称为"感觉"，但实际上讲的是别人做了什么。例如，"我觉得被背叛了"实际上是在说"有人背叛了我"。"拟似感受"指的是你对其他人对你的行为的诠释（例如"我感觉不胜烦扰/被拒绝/被遗弃了"）。"感受"则是对你内心发生的感觉的描述（例如"我觉得满足/悲伤/孤独"）。如果能够区分感受和拟似感受，你就可以更准确地描述自己的内在体验——这样反而会让你更容易与他人建立联结。

感受与拟似感受

拟似感受："我觉得被羞辱了。"（即"她羞辱了我。"）

感受："我觉得很沮丧。"

需要

需要=在特定时刻是否得到满足的人类共通的需要。

感受是帮助你找到未被满足的需要最好的向导。否则，你可能会将

⊖　这类词在英文中通常是形容词，在汉语中多数是"被"字结构。——译者注

自己的需要和策略混淆。所有人都有对于食物、休息和住所的需要，这些需要可能非常显而易见。而其他共通需要可能会更复杂一些。例如，你可能会体验到对爱的需要，并认为这份爱的"需要"来自某个特定的人。或者你可能会说"我需要那份工作"，而实际上这份工作反映的是你对稳定的财务状况的渴望。如果能够区分需要和策略，你就可以看到有很多种策略都可以满足你的需要，满足需要的可能性从而会大大增加。

需要与策略

策略："我要让她闭嘴，别管我。"

需要："我希望被接纳。希望不要因为身材被评判。"

请求

请求=为了满足需要，提出希望采取的明确且可行的行为。

你知道怎样请求你想要的东西吗？这并没有看上去的那么容易。也许很难具体说出来自己想要什么，或者你只知道自己不想要什么，却不知道怎么清晰地说出自己的需要。也许你为自己的请求附加了很多"强制性的能量"。稍不留神就脱口而出的是"你不能更体贴一点吗？"，而不是"你是否愿意去遛遛狗？"如果能区分请求和要求，并且更加具体地提出你的请求，你会发现人们对提议会持更加开放的态度，甚至可能还会发现他们很乐意为你的幸福做出一些贡献。

请求与要求

要求："你不要再取笑我了，别这么混蛋！"

请求："能不能不要再提我的身材？你可能没什么别的意思，但还是让我觉得不舒服。如果你能找到别的方法和我联结，我会很高兴。你能想到别的什么话题我们一起乐一乐吗？你是洋基队的球迷，我喜欢红袜队。我们可以拿这个开开玩笑，怎么样？"

实现意图的工具

你有没有注意到，我们很容易与关系最亲近的人发生冲突？

尽管兄弟姐妹从小一起长大，曾经关系亲密，但仍然会在沟通中埋下一些地雷。萨莉是"小妹妹"的事实，使她的哥哥姐姐很难接受她带领大家做决策。倘若有任何自己不如萨莉的暗示，他们都会勃然大怒。尽管格里和佩格知道自己的反应模式，甚至有时也可以拿此开开玩笑，但固有的习惯和多年来的家庭角色却很难动摇。

尽管三兄妹彼此有深厚的感情，但要准确地听到对方想说什么绝非易事。每当其中某人生气、害怕或有压力时，他就不可避免地将其他两个人所说的话解释为评判或攻击（或者兼而有之）。

格里和萨莉的关系一向不太稳定，因为在他们的大家庭中，萨莉一直是个"好孩子"，而格里则是叛逆的那个。当他认为萨莉在质疑自己对母亲应尽的义务，并且萨莉觉得母亲可能来日无多时，这触动了他敏感的神经。格里在愤怒和恐惧中挣扎，开始猛烈反击。他的话像煮开了的意大利面锅一样汩汩地冒着气泡：

"你不觉得自己太过分了吗？你没离家不代表你可以完全做主。妈妈还是妈妈。除了你之外，她还有其他孩子。"

对于哥哥看待自己的方式，萨莉经常感到不安。她从小就羡慕格里和他洒脱的举止，也钦佩他的敢作敢为。但几年前格里曾说她已经成为一个"完美的郊区妈妈"，这让她感到很羞愧。听到格里对她"太过分"的反驳，萨莉听到的是：

"你越界了。你从没做过什么有趣的事，所以现在你觉得自己有能力或者有什么高见就太荒谬了。我才不想理会你看到了妈妈和以前有哪些不一样。而且你并没有自己想象的那么重要。"

带着这样的解读，萨莉回击道：

"妈妈不再是以前的妈妈了。如果你多关心她一点，经常回家，你就会知道。我还不如就是妈妈唯一的孩子呢，因为我是唯一一个在乎她幸福的人！"

在格里的耳朵里，萨莉的话听起来是这样的：

"你否认妈妈的现状，你是个坏儿子，因为你都搬到很远的地方去了。你和佩格都不够爱妈妈。我是唯一正确的人，我是唯一关心她的人。"

想象一下，如果格里或萨莉能够冷静地认识到，他们的反应都是出自防御和愤怒，接下来会怎样。想象一下，如果他们都能够听进去对方的话，承认这些话让他们不舒服，然后有意识地选择以谨慎和好奇的态度回应对方，那又会怎样。

为了避开自己最糟糕的诠释，避免冲突升级，将我们的想法套入被称为"OFNR语言训练轮"的工具中会有所帮助。

Step1	当我看到/听到你＿＿＿＿＿＿＿＿＿＿＿＿
Step2	我感到＿＿＿＿＿＿＿＿＿＿＿＿＿＿＿＿
Step3	因为我需要＿＿＿＿＿＿＿＿＿＿＿＿＿＿
Step4	你愿意＿＿＿＿＿＿＿＿＿＿＿＿＿＿吗？

针对格里坚称"妈妈还是妈妈"并指责萨莉"越界"的说法，萨莉可以用OFNR公式这样回应：

"当我听到你说，你认为我'越界'的时候，（观察）

我很担心，（感受）

因为我真的希望以合作的方式做出家里的重大决策，（需要）

你愿意告诉我要怎么做，才能让你在决定怎么照顾妈妈的过程中，更有参与感？"（请求）

同样，就在萨莉摔门而去的那一刻，格里或佩格可以追上萨莉说：

"当你提高嗓门并关上门要离开时，（观察）

我觉得害怕和不安，（感受）

因为我需要平静和可预测性。（需要）

你准备好后，愿意回到屋里，花十分钟谈谈你现在的体验吗？"（请求）

之所以把这种训练命名为"语言训练轮"，是因为这种训练像是在骑一辆结构简单、操作稳定的自行车，能帮你迅速上手。一开始你可能会觉得生硬。但是，经过最初的尴尬，这个公式肯定会帮助你听明白对方，也讲清楚自己。换句话说，使用OFNR将帮你快速理清自己的头绪，然后把自己当下的状况告诉其他人，而不会触发对方再次陷入"战斗—逃跑—僵住"的反应。

如果妹妹为了加强他们之间的联结先关心一下他，而不是继续发起攻击，格里会放下戒备吗？如果她的哥哥姐姐能给她一些空间和安全感，萨莉会更快地冷静下来吗？答案是肯定的——至少最终会这样。只要使用得当，OFNR公式绝对会为牵涉到的每一个人缓解紧张程度，增加安全感。它也是打开更多（更有建设性）对话的大门。

PRACTICE 暂停下来做练习

回想最近一次矛盾升级的互动。尝试使用OFNR来表达你在那一刻的感受。

"当你_____（观察）时，我感到_____（感受），因为我想要_____（需要）。你愿意_____（请求）吗？"

梳理不同的现实，关注当下

你碰到过这样的情况吗？假设你正在超市排队等待结账，等的时间特别长。你觉得很恼火，心里在想，"这个收银员是个白痴。他有毛病吧？唉，我难道要在这里待上一整天吗！"

这是一个很好的例子，你可以通过剥离你的评判，只是让观察结果浮出水面，就能改变接下来发生的事情。

把"这个收银员是个白痴"（评判）翻译成"这个收银员正在一个一个找所有产品的条形码"，第二个语句会改变你的看法。你会意识到收银台的那个人可能是新来的，或者他应该是很仔细，想要做好他的工作。然后，你可能会感觉到自己的转变，因为你最初的情绪反应（不耐烦、恼怒）取决于对现状的另外一种诠释。这样，你就对如何去回应有了更多的选择。你不再受制于自己对他人言辞或者行为的诠释。当你排到结账台，收银员小心处理你的商品时，你可能会更感激他，而不是表现出生气或者粗鲁。由于自己能大声表达感激，你甚至会感动，这反过来也会改变收银员和周围人的体验。

解开情绪反应的死结，会令我们耳聪目明、头脑清晰。就算面对一些更困难的场合，也会是这样。

假设你在另一家超市的结账队伍中缓慢地挪动。这一次，延误的原因是两名店员在嬉笑闲聊，对要买单的顾客漠不关心。在这种情况下，你可以默默地抱怨这两名员工的"没眼力"或"不专业"。或者可以使用OFNR展现你和其他顾客现在的体验。

"看到你们在不停地说话（观察），我也很犹豫（感受）要不要

打断你们，但我想要赶紧把东西买完，这样才能回家与家人团聚（需要），你愿意现在尽快帮我结账吗？"（请求）

你有勇气对店员说上面这些话吗？沟通的四个要素中，实际上没有什么"勇气"可言。唯一觉得大胆的是，受限于我们的文化，担心提出问题会被当作批评，进而引发更多冲突以及其他影响。

例如，对这两位无所事事的店员感到不满的顾客，可能会怒气冲冲地说出以下的话：

"你们这么没礼貌，简直难以置信！你们是觉得我们没事干了，要站在这里听你俩胡说八道吗？就好像顾客隐身了一样。你的经理是谁？让他来教教你们什么才叫尊重。"

站在店员的角度，你更喜欢哪种方法？关切、坦率的OFNR方法，还是羞辱、报复的方式？后者在我们的文化中可能更常见。但你认为哪种语言更有助于店员了解顾客想要什么，并更积极地提供服务呢？

虽然我们都存在于同一个客观世界中，但每个人都只能通过个人的感官来感知它。而每个人处在宇宙中的不同位置，都用不同的感知来诠释所发生的事情。因此，我们各自的"现实"取决于我们的个人经历。

有一句可能是源自美洲原住民切诺基（Cherokee）部落的格言，是这样说的："除非你穿着他的鞋子走一英里[⊖]，否则不要去评判谁。"

⊖　约 1.6 千米。

我们每个人都扛着自己的烦恼和负担。所以按道理来讲，我们要真诚地对待彼此，并保持好奇心，去想想为什么别人会有我们不喜欢的反应或行为。道理大家都明白，但是，唉，当自己也一脑门子"官司"的时候，知行合一是很难做到的。

学会对他人的处境保持这种好奇心，并帮助他们对你的处境也抱有好奇心，是改善人际关系的关键。如果你能够稳妥地示范如何做，同时也让对方敞开心扉并对你有好奇心——也称为"同理心"——那么你就有能力解决最棘手的冲突。

犹太教拉比[⊖]、家庭治疗师埃德温·弗里德曼（Edwin Friedman）曾指出："在任何情况下，无论是否被任命，能够最准确地描述现状而不加指责的人，将成为领导者。"在我们作为调解员的生涯中，属实如此，这也是我们在培训中注重培养学员具备的洞察力。越谨慎地使用语言来描述感知到的现实，你就越有可能带领大家解决问题。

冲突中的各方常常停留在自己的诠释中，使用语言和行动不断加剧痛苦和伤害。

想一想，格里和萨莉是怎么彻底曲解和过度解读彼此言论的。当格里说萨莉是"完美的郊区妈妈"时，他原本的意思是赞美她把家务和日程安排得井井有条。然而，萨莉以为他在取笑她。当萨莉想说格

⊖ 拉比（Rabbi），原意指教师，即口传律法的教师。——译者注

里对妈妈的情况并不完全了解时，格里觉得萨莉是在指责他不负责任。事实上，萨莉脑子里并没有这么想。她只是想告诉格里妈妈的实际情况，想分享她的观点。

PRACTICE　暂停下来做练习

回想一下你因他人的行为而不高兴的那一刻。如果试着不要情绪化地反应，而只用观察的语言描述对方在做什么，会怎么样呢？

通常，在冲突发生的时候，人们会回忆起以前发生的某件事情，对已经发生的事情或者他们认为发生了的事情争论不休。尝试调解任何冲突时，尤其是双方之前就有过节的时候，要牢记这一点。

当你对冲突起了自动化反应时，专注"当下"也很有价值。如果发现自己不喜欢什么，弄清楚当下到底是什么触发了你，会很有帮助。跳出评判，转化为观察，你可以把自己理解的现实与其他人眼中的现实进行比较。

运用OFNR语言，感觉就像转动钥匙开锁。突然，门打开了，和对方陷入僵局的你发现终于可以一起往前走了。即使不同意各自对过往的看法，每个人也都开始敞开心扉，拥抱各种可能，达成共识，提出解决方案——因为每一方都确信对方正在努力了解自己的观点。当人们相信自己被倾听了时，改变往往就会发生。

被倾听的心理益处

当我们觉得真正被人理解时，情绪会得到疏解，心里会很受触动。很多时候，人们觉得孤独，觉得没有真正得到理解，也不想真正倾听他人。这就是为什么一旦自己被倾听了，我们就会有深深的满足感和心理上的解脱。这是一段无与伦比的体验，让人感到静谧而亲近。我们会体验到结伴同行的归属感，为自己在这个世界上并不孤单而心生感激。

* * * * * *

萨莉轻轻敲了敲门，开门悄悄溜回屋里，"我回来了。我真的很抱歉刚才那样离开。"

她踢掉鞋子，坐在佩格旁边的沙发上，搂着姐姐，"两位，我很害怕。现在比我们没了爸爸时更难，因为你知道，那时我们有妈妈撑着。而现在，她在医院里看起来那么瘦小那么脆弱，一遍又一遍地问我同样的问题……"萨莉停顿了片刻，思绪万千，然后继续说，"其实，我一直想跟你们说的是我想保护她。老实说，我也希望有人能守护我。要不然咱们明天再聊能为妈妈做些什么吧，你们觉得呢？今晚，我真的需要好好休息一下。我们好久没在一起了。"

格里插话道："你为什么一直说这种话？"

萨莉笑了："因为我想你，因为我很高兴我们现在聚齐了。"

佩格笑道："是啊，我们见到你高兴得快疯了。你能接受吗，格里？"

"我很爱很爱你们两个，"萨莉轻声说，她的声音有点儿哽咽，"今晚我们先不谈这个严肃的话题了，一家人团圆了，我们开心一下吧。"萨莉坐直了，"你能不能告诉我，你刚刚听到我说了什么？"

"我听到你说我是你最爱的哥哥。"格里宣布。

佩格朝他扔了一个沙发垫，"萨莉刚刚说的是她想休息一下。妈妈的这些消息让她心情很沉重。她住得离妈妈最近，她有些害怕了。萨莉需要我们的支持。"

"你很支持我！你们俩都很支持我。"萨莉又哽咽了，"我只需要知道我们之间都好好的。"

"我们是为你而来的，小萨。"格里轻轻地说，"我们也爱你。"

萨莉开始哭泣。然后她的手机响了，提示她有新信息。她看着格里，脸上带着困惑的表情，"你给我发了新信息？"

格里犹豫了一下，说："你把它删了吧。不要听了。现在无关紧要了，刚才我犯傻了。现在我不那么觉得了。"

仔细看看上面萨莉的话。你能找出她话中的四个要素吗？她的观察是什么？她的感受是什么？她的需要呢？她对哥哥姐姐有什么请求？

实践的重要性

了解沟通的四个要素是一回事，但想要在日常生活中自然流畅地使用它们则是另一回事。如果第一次尝试使用OFNR时没有想象中那么清晰，又或者很容易就重新陷入了往日的冲突模式中，也请不要气馁。

想要更好地运用四个要素，最好通过角色扮演冲突的各方来经常进行练习。当然，你也可以在自己的头脑中回顾OFNR，但是没有什么比练习对话更能帮你意识到使用它们的不容易了。例如，在剑拔弩张的那一刻，区分需要和策略是非常困难的。接下来，我们重点介绍这四个要素，提供技巧助力你练习每个要素，并展开模拟对话的练习。

我们推荐四种不同的方法，来练习本章节和其他章节中提出的概念。

1.与伙伴一起密集练习使用接下来的章节中介绍的技巧。

2.和练习伙伴进行同理倾听：就一个真实案例进行讨论，运用技巧解析出练习伙伴所说的四要素。

3.在小组中进行同理倾听。

4.在日常生活中自然运用。

将评判误认为是观察太常见了。区分它们需要反思和实践。在下一章中，我们会为你介绍一些更加容易区分两者的有用的技巧。

CHOOSING PEACE

New Ways to Communicate to
Reduce Stress, Create Connection,
and Resolve Conflict

第三章

到底发生了什么——
观察与评判

不带评判的观察，是人类智力的最高
形式。
　　　　——克里希那穆提（J. Krishnamurti）

　　玛吉敲掉足球鞋钉上的泥巴，爬上后座，脸上慢慢露出笑容。当她打开车门的时候，香气迎面扑鼻，"爸爸，你又买外卖了！妈妈会很生气的！"

　　"才不会。"詹姆斯说，"我给你妈买了双份的炸春卷，她今晚从外婆家回来的时候可以吃。"

　　"但是她花了好长时间做了意大利千层面放在冰箱里。如果她发现我们没吃，一定会发火的。"

　　"别吵了，玛吉。"玛吉的弟弟科瑞在前座瘫坐一团，眼睛盯着手机，"你明知道爸妈早上吵得很凶，根本没记得解冻。你说的千层面现在还和冰一样硬呢。"

　　詹姆斯惊讶地撇了儿子一眼，"没错，和冰一样。但是我们没有吵架。"想起跟萨莉意见不合，他有点坐立不安。萨莉让他去科瑞的学校开家长会，但他不想请假不上班。早上，他对萨莉抱怨："不能老是让我做牺牲，你可能觉得这样对你很方便，但我不这么想。这次该佩格去照顾你妈了。"

　　"你觉得你在做牺牲？"萨莉发火道。

"啊，对啊！认为我可以放下工作不做，去参加白天的家长会，这是不合理的。你明知道我的工作不像你的那么随心所欲。"

"我的工作很'随心所欲'？"

"我的意思是有弹性。哦，不要这么小题大做。你的工作很有弹性，我的工作不行。"

萨莉的声音沉了下去，"我要说说我的观察。"她的嘴唇慢慢地动，仿佛在咀嚼什么很难吃的东西，"当我听到你说'不能老是让我做牺牲'时，我觉得非常惊讶。我很惊讶你竟然会这么自私、无知！"

* * * * * *

在冲突的当下，我们很容易就觉得自己认为的是事实。比如：

你的伴侣当然一点儿也不体贴！

对你一点儿礼貌都没有的青少年，绝对是被惯坏了的小混蛋！

老板居然批评你的工作，他一定是个笨蛋！

前一章中，你已经知道，我们一开始的反应通常都源自对当时情况的诠释。人类的天性就是无休止地在脑子里编造各种故事，来解读周遭发生的事情。有时候，这些故事可以帮助我们。但是在冲突发生时，这些故事会严重妨碍我们了解事实。因此，除非能够学会区分评判和观察，否则就会陷在自己编造的故事中，无法脱身。

本章前半部分将深入解释观察和评判的差异与区别，后半部分将分享四种技能，你可以用来帮助他人区分观察和评判。本章也会说明，一旦发现自己陷入评价和评判时，如何摆脱这种情况。

观察与评判

观察与评判有天壤之别，但很多人却常常轻易从观察跳到评判。我们可以从以下几组句子中，看到这种事情经常发生。

观察：我们说话时，她一直看表。

评判：她不喜欢和我在一起。

观察：他告诉我，这份报告有两个部分要重写。

评判：他讨厌我的工作成果。

观察是对发生事情的感知。观察是用文字客观地描述你所看到的现象，不包括你对情况的反应或解读。

评判是对发生事情的诠释，对刚听说或看见的某件事情的反应，以及你在脑海中创造出来的故事。

当你和某人在一起时，如果对方一直看表，只可能说明他不专心或没有兴趣。但因此而认定对方不喜欢和你在一起，就是一种诠释。

或许对方一直看表，是因为他一整天都在迟到，所以担心时间；或许他很饿，很想早些吃晚饭。他可能很喜欢和你相处，但因为不知道一直看时间会让你不舒服，所以他没有解释原因。

同样，如果有人要求你修改报告中的两个部分，也可能有不同的理由。有可能他是希望合作得更好，才要求你重写；也有可能他对报告的其他部分都很满意，但希望你帮忙把这两部分写得更清楚、更有力。

如何观察：内在与外在

评判可能会严重阻碍理解对方的行为，在冲突时尤其如此。除非你能区分评判和观察，否则会一直"深陷在自己的故事"中，因为自己的诠释而无法看清事实。

所以，我们如何剥离评判、进行观察？假设自己是台摄像机，用摄像机拍下冲突的场景，会是什么样子？

我们回到老板要你重写报告中两个部分的那个例子。想象你跟老板开完会，觉得很沮丧、受伤。同事问你怎么了，你说出口的是评判："他批评我写的报告。"这是你对事情的诠释。如果我们把会议录下来，可能会看到老板是这样说的："我希望报告可以更清楚地呈现这个计划的目标。你要不要重写这两个部分，看看能不能更清楚一点？"使用原本的表达，比较接近观察，也可以帮你理清思路，考虑下一步要做什么。

你每时每刻的选择，都不免受到想法的影响。因此，区分观察和评判，有助于理清思路，包括想法和情绪，成为向内观察自己的一部分。因此，当同事问起，和老板的会开得怎么样了，你也许会说："我现在觉得他不满意这份报告。"这种说法是对当下内心想法的观察，描述了你对他所说的话有什么反应。

（请注意，向内观察需要以旁观者的角度，看待自己内在的情形。有些人对此经验比较丰富。不管你是否熟悉这种做法，练习得越多，技巧就越熟练。）

找到向外和向内的观察结果，可以帮助你摆脱评判，不至于因此分心；也可以在发生的事件和自己的反应之间，留下更多空间，让你重新冷静下来，与周围的人建立更多联结。

PRACTICE 暂停下来做练习

回想最近的一次互动，以及你自己的诠释。看看是否能够找到你的向外和向内观察。

观察沟通的智慧

当你的语言表达能够和自己的观察一致时，可以减少沟通"脱轨"的可能性。以观察而非评判为基础，谨慎地选择用词，有助于确保他人能听到你希望传达的内容，你的信息不会因为他人的诠释而被扭曲。

以评判开启对话，通常会不战而败。如果评判的是对方，他很可能将你的话诠释成批评，然后"轰"——你就会陷入冲突，开始争辩你说的到底是不是批评。

回到交报告的场景，想象一下你要怎么和老板讨论他的评论。如果用"我想跟您讨论一下您对我报告的批评"起头，你接下来不管怎么说都没有区别，因为他可能只会回应你的评判。所以，如果改用"我想和您讨论一下要求我重写报告中这两部分的事情"开头，对话才更有可能进行下去。

还有另一种方法不以评判开启和老板的对话，那就是告诉他你内心的想法："我昨天的印象是，您不满意我的报告。"这种说法让你能够"掌握"对老板言论的解释权，而非直接宣称你的诠释就是事实。它同样能帮到你，让你和老板更有机会清楚地对话，并获得双方满意的结果。

我们的基本原则是，如果希望对方能听完开头还能继续往下听，就应该以观察而不是评判开启对话。

回想一下，詹姆斯和萨莉早上因为谁去参加儿子的家长会而争吵不休。虽然不知道萨莉请求詹姆斯参加家长会的时候是怎么措辞的，但我们知道，詹姆斯以几个不同的评判回应了她的请求——这些评判迅速引起了这对夫妇的摩擦。

詹姆斯："不能老是让我做牺牲，你可能觉得这样对你很方便，但我不这么想。这次该轮到佩格去照顾你妈了。"

萨莉："你觉得你在做牺牲？"

注意萨莉怎么用隐蔽的评判还击，暗指詹姆斯的牺牲与她的牺牲无法相提并论。詹姆斯随即用防御性的言论反驳，说明他的工作性质，因此他的选择很有限。冲突逐渐加剧，因为詹姆斯和萨莉一直以纯粹的评判进行着对话，他们对彼此话语的负面诠释也让局面愈发不可收拾。

詹姆斯："啊，对啊！认为我可以放下工作不做，去参加白天的家长会，这是不合理的。你明知道我的工作不像你的那么随心所欲。"

萨莉："我的工作很'随心所欲'？"

詹姆斯："我的意思是有弹性。哦，不要这么小题大做。你的工作很有弹性，我的工作不行。"

最后一句话是观察吗？不完全是，至少在詹姆斯和萨莉的对话中不是。以评判展开对话，让双方都不可能确切地听到对方真正想说的话，也会让双方的压力指数飙升，都不能理性回应对方。萨莉试着用OFNR，但"战斗—逃跑—僵住"的反应太根深蒂固，在她试着观察时，仍然被惯性带走了。

萨莉："我要说说我的观察。当我听到你说'不能老是让我做牺牲'时，我觉得非常惊讶。我很惊讶你竟然会这么自私、无知！"

对话进行到这里，詹姆斯和萨莉都很难过和生气（怪不得没人记得要把意大利千层面从冰箱里拿出来）。两人都需要冷静一下，才能试着清楚地沟通、联结。

设想早晨的这段对话以不同的方式展开。想象一下，詹姆斯以观察而非评判来回应萨莉一开始的请求，就有可能让萨莉也用相同的方式回应。

詹姆斯："这周我已经安排了要见好多人，还有好几项工作要交付。既然我要做这些事，就没法提前下班。"

萨莉："我已经答应妈妈，和她一起收拾一下，迎接格里回家。从妈妈上次住院以来，我已经向公司请过好多次假了。如果还要去跟科瑞的老师见面，只怕时间赶不上。"

他们或许一时找不到解决方法，但对话已经大有改善；萨莉甚至还加进对自己的想法和感受的向内观察。詹姆斯可能因此也采取相同的做法。

詹姆斯："我们两个的日程安排好像都很满。我很想帮你，也完全理解每年这时候如果请假不上班，真的很危险，很让人担心；我觉得同事、老板也都会有意见。我在想，有没有什么办法可以让我帮助和支持妈妈，减轻你的压力，而我自己也不用早退？比方说，能不能调整跟老师见面的时间，在我正常上班以外的时间开家长会？"

能够区分观察和评判，就像在两个不同的世界之间打开了一条通道。在其中一个世界里，我们对事件有自己的诠释，放任自己的反应；在另一个世界里，我们坦然接受事情原貌，拥有更多的自由。你可以选择生活在哪个世界。通过观察而非评判进行沟通，我们就可以避免加剧日常生活中常见的冲突。

PRACTICE 暂停下来做练习

回想最近一次导致冲突的互动。你是否记得，是哪些评判让你中断了与他人的联结？

放下评判后会怎么样

在很多时候，我们遭遇冲突的原因是对另一方心怀评判。一旦认为对方难以言喻、冥顽不化、无法沟通、心胸狭窄，你就几乎不可能听进去他想讲的话。一旦认为冲突难以控制，它就真的可能演变到如此的地步。

如果你对自己心怀评判，也可能导致自己陷入冲突。例如，你可能会告诉自己，不应该陷入这种局面，应该要提前觉察，或应该有更好的应对方法。这些评判都会让我们越来越难以招架，会把自己局限在"战斗—逃跑—僵住"的无限循环当中。

想要更了解自己所处冲突的真实情况，可以请人帮你剥离自己想象中的故事，理清究竟发生了什么让你以这样的方式去诠释事情。

你也可以主动帮助深陷在自己编造的故事中无法自拔的人。帮助别人区分观察和评判，通常会比自省容易，尤其在所处的冲突正逐渐加剧时，更是如此。

* * * * * *

早上刚跟詹姆斯吵完架后，萨莉仍觉得气愤不已，心烦意乱。"他从来就只考虑自己！"她生气地想，"为什么詹姆斯总是把工作放在第一位？"

萨莉注意到自己用了"总是"。这是一个提醒，代表她还没有摆脱自己的评判。她想起两个孩子都还小的时候，玛吉有时候会来和她告弟弟的状。

玛吉会嚷叫："科瑞欺负我！"

"科瑞怎么欺负你了？"萨莉会问。

"他不和我轮流玩轮胎秋千！"

"你觉得他为什么会这样做？"

"因为他很坏！"

想到这里，萨莉叹了口气，因为她也陷在相似的局面中，不停地指责别人。詹姆斯不愿意调整日程安排来帮助她减轻时间上的压力，这让她觉得詹姆斯很自私，她也不喜欢詹姆斯说她的工作很"随心所欲"。詹姆斯的措辞和认为自己在"做牺牲"的想法，都让她气得无法观察。因此，她脱口而出的不是观察，而是评判，认为詹姆斯既自私又搞不清楚状况。

萨莉突然很后悔自己没有三思而后言。"我怎么说了那种话？"她边想边大声说出自己的想法，"我没有那个意思。确实，在吵得正凶的时候，说出那种话感觉很爽，但评判詹姆斯对实现我的目的没有一点儿帮助。"

＊＊＊＊＊＊

我们在培训时发现，当一个人的注意力从评判转移到观察时，他也会经历心理上的转变。

当你阅读以下各组句子时，注意自己身体的感觉。

评判：他进门后对我大吼大叫！

观察：他进门后，用超出我感觉舒服范围的音量对我说话。

评判：她一直唠叨，让我做家务活。

观察：她问我是否能去倒垃圾。

读完第一句，再读第二句时，你是否发现自己的呼吸有所改变？只是换个说法，就能让你产生不同的感受，身体也确实会感受到其中的差别。这种话语的改变，有助于建立或重建两人之间的联结。

即使你不是职业调解人，仍然可以从细心观察入手，调解自己内在的或与他人之间的冲突。

萨莉想起了在女儿小的时候，她会帮女儿区分评判和观察，想到这一点，也帮助她理清了自己与詹姆斯之间的冲突。要进行观察，关键是得到支持和帮助，就算是经常练习的人也不例外。

观察的技巧

我们在培训中会让学员练习以下四个技巧，以支持他人在冲突中理清实际情况。每个技巧为学员提供了略微不同的方法回应他人所说的话，温和地引导学员区分对事情的诠释与实际发生的事情。

技巧1：原话回应

第一个技巧，就是完全把对方说的话回应给他，包括评判在内。但如果是在同理倾听对方，我们建议和其他技巧结合起来使用。不过，这项技巧有助于你学习把注意力放在他人身上，所以非常有用。你可以用跟对方一模一样的话语，或是用自己的表述方式说出你对对方话语的理解。这项技巧的重点，是要刻意把注意力放在对方身上，但不提供任何建议，也不告诉对方你的意见。使用这项技巧的目的是要确认你听到的确实是对方的意思。

练习的方法，是让练习伙伴讲一件事情，在他中间停顿的时候，你不断说出你听到的内容。虽然一开始你可能会觉得自己像鹦鹉，但"说出听到什么"不是要你当鹦鹉就好。回应的时候，不需要局限于观察和评判；如果你听到他人的感受、需要、请求，也可以说出来。

试着跟练习伙伴练习这项技巧，看你是否能连续七次回应他说了什么。一直重复，一开始可能让人觉得有点傻，但请你坚持下去，因为重复练习有助于建立回应的习惯。

你们可能会像这样练习：

练习伙伴："我刚和最讨厌的人开完会。"

　　你："收到。你刚和最讨厌的人开完会。"

练习伙伴："没错！他们太恐怖了，我从来没见过这么负能量的人。"

　　你："他们恐怖又负能量？"

练习伙伴："开完会后，老板又给我'扎针'。"

　　你："开完会后，你老板做了让你觉得针对你的事？"

练习伙伴："对！他说我周末得加班！"

　　你："他说你周末得加班？"

练习伙伴："没错。所以我得取消跟儿子定好的周末计划。"

　　你："啊，你跟儿子原本定好了周末计划，但现在计划无法实行了。"

技巧2：区分观察与评判

第二个技巧，要让你迈出区分观察与评判的第一步。你要做的，是剥离对方的评判，取得像"摄像机"一样记录的事实。要指出评判，最简单的方法就是保留他的说法，然后加上对方在回想事情时是这样想的，例如"你想的是……"或"你认为……"。

参考以下的例子，与练习伙伴一起练习。

练习伙伴："我好笨！竟然跟他说了那些！"

你："所以，你是在告诉自己，说那些话很笨？"

练习伙伴："他给我'扎针'。"

你："哦，你认为他是针对你？"

练习伙伴："我刚跟最讨厌的人开完会！"

你："你刚跟一群让你觉得很讨厌的人开完会？"

技巧3：猜测观察

第三个技巧，让你帮助别人换一种方法区分观察和评判。当你了解某人的评判是出自什么逻辑时，就可以猜猜他眼里的事实是什么。猜测对方做出某种评判的原因，可以帮助对方把注意力放在真实发生的事情上。

以下例子可以帮助大家进行探索。

练习伙伴："他给我'扎针'。"

　　你："你有这种想法，是因为他在会上说了什么吗？"

练习伙伴："我刚跟最讨厌的人开完会！"

　　你："他们在会上不停地发言，让你感到很心烦吗？"

练习伙伴："不是，他们太没礼貌！根本不听我给他们讲解我做的
　　　　　　PPT，那干吗叫我一起开会！"

　　你："哦，所以是因为你的演示没有得到你想要的回应，他
　　　　们在说别的事情吗？"

值得注意的是，就算是错误的猜测，仍然可以帮助你和练习伙伴更接近观察。这个技巧的诀窍是，持续刻意地听，才能做好准备继续猜测，帮助练习伙伴澄清到底发生了什么事。

技巧4：问出观察

如果你没有得到足够的信息来猜出对方观察的事实，可以直接问。这是第四个技巧。

请看以下例子。

练习伙伴："他对我非常不公平。"

　　你："他说了什么话或做了什么事让你觉得不公平呢？"

练习伙伴："我刚跟最讨厌的人开完会！"

　　　　你："你讨厌他们哪一点？"

练习伙伴："他们太没礼貌了！根本不听我的演示，叫我一起开会
　　　　　　做什么？"

　　　　你："你做演示的时候，发生了什么事？"

进阶练习的诀窍

以上四个技巧，等你和练习伙伴都练习过一轮之后，请练习伙伴
讲一件实际生活中的事情，他对发生的事情是有评判的。利用以上任
一项或全部技巧，帮助练习伙伴找到这些评判背后的观察。如果你用
第一个技巧"原话回应"开始练习，记得就算是评判也要回应，这样
练习伙伴才知道你在留心听他说话，包括他说话的方式。接着练习其
他技巧，帮助练习伙伴找到观察。

记得交换角色，再做一次练习。结束之后，讨论在扮演各自的角
色时心里的感受。留意当你支持练习伙伴做练习时，哪一个技巧用
得最得心应手；当你在说自己的真实事情时，哪一个技巧对你帮助
最大。

暂停下来做练习

花点儿时间思考一下：你可以怎样使用以上四个技巧，来帮助区分自己的评判与观察？

帮助他人观察

你是否曾打电话给可以信赖的朋友诉说苦衷？或许你有一个完全信任的人，你可以对他毫无保留地分享你对他人的不满，而不用担心他充耳不闻或讨厌你。

或者，你是那个受到信赖的人。也许有某位朋友或一群朋友知道，当他（们）感到挫败或生气时，可以打电话找你倾诉。

做一个愿意倾听的朋友，感觉很棒，也可能会让你有点儿忐忑。想抚慰别人，要怎么做才是最好的方式？安静地倾听？还是与朋友同仇敌忾？如果觉得朋友并未了解事情的全部情况，该怎么办？怎样才是最佳的支持方式？

上面四个技巧，如果使用得当，将大大有助于我们成为人人都想要的朋友——给予无条件的接纳，支持他们摆脱"战斗—逃跑—僵住"的反应。

　　萨莉早上跟丈夫进行激烈的交锋之后,与哥哥格里、姐姐佩格的沟通也起了冲突。冲突越来越激烈,最后萨莉摔门而去。她觉得非常痛苦,所以打电话给朋友艾丽莎,她练习过非暴力沟通冲突调解技巧。

　　以下是萨莉和艾丽莎进行的对话。在阅读她们的对话时,试试能否听出萨莉话语中的评判,然后看艾丽莎在回应时,使用了哪种找到观察的技巧。

　　萨莉:"为什么这种事会发生在我家? 整个家支离破碎。"

　　艾丽莎:"听起来你觉得今天跟大家没有达成一点儿共识,是吗?"

　　萨莉:"是啊,因为今天家里每个人跟我说的话都奇蠢无比。"

　　艾丽莎:"哪些话在你听起来是很蠢的?"

　　萨莉(嗤之以鼻地笑了一下):"嗯,比如说,詹姆斯说我的工作是个笑话。"

　　艾丽莎:"他用'是个笑话'来形容你的工作吗?"

　　萨莉:"不是,他用的不是这几个字,他用的词是'随心所欲'。因为我的工作很'随心所欲',所以我的时间比较弹性。"

　　艾丽莎:"他说你的工作'随心所欲'。"

　　萨莉:"对啊,然后他自己又改口说他的意思是'有弹性'。我们在为谁去参加家长会吵架，他太顽固了。"

艾莉莎："哦，你们在争吵谁去家长会，你觉得他太顽固了？"

萨莉："对啊，他不想去，说请假对他来说很困难。其实我知道他说的是实话。对了，他还说我们家都是他在做牺牲——这真是我今天听到的最蠢的话了。"

艾莉莎："詹姆斯说，你们家都是他在做牺牲？"

萨莉："他说，我可能不在乎他做的牺牲，但他已经受够了。"

艾莉莎："你觉得詹姆斯这样说是什么意思？"

萨莉："呃，他说的下一句话，是我应该让佩格多帮忙照顾妈妈。这让我很生气，但是老实讲，整个冬天我自己都在和詹姆斯这么说。"

艾莉莎："所以，当詹姆斯说他希望佩格可以多帮一点忙时，你觉得他是在重复你说过的话？"

萨莉："嗯，有一点。我每次这样说都不自在，但妈妈如果能恢复到差不多'正常'的状态就太好了。我只是一直在'等另外一只靴子落地'，你懂吗？一开始是妈妈在楼梯上往后滑了一跤，摔断了肩胛骨；后来是我考驾照的时候出了意外；接着养老院给我打电话，说他们认为妈妈有老年痴呆症状；最近她心脏又出了问题。整个冬天都这么抓狂，我没办法像以前一样，有那么多时间与詹姆斯和孩子们相处。有些我没做的事情，詹姆斯都帮我做了。"

艾莉莎："你的生活改变，是因为你妈妈最近非常需要你，这对你的家庭造成了影响。"

萨莉（声音颤抖着）："可能是这个原因。说到妈妈，简直不知道怎么跟你说，我哥刚刚把我气死了。"

艾莉莎："在你给我打电话之前，你哥把你气着了？"

萨莉："格里落地还不到24小时，就已经认定我在杞人忧天；他觉得妈妈可以生活自理，什么事都没有。"

艾莉莎："哦，这样听起来，他看到的和你看到的正好相反。"

萨莉："我们的想法完全不一样。"

艾莉莎："在这件事情上，你和格里还没有达成共识。但我猜，你和佩格的看法就比较一致了吧？"

萨莉："哎呀，快别提她了。格里一开口，佩格就像被车灯吓到的鹿一样。"

艾莉莎："佩格没有以你希望的方式回应。她……和你希望的不一样，她一言不发？"

萨莉："你也知道佩格的性格。每次只要意见不合，她就变得很消极。"

艾莉莎："有人吵架的时候，佩格就会保持沉默、不参与讨论吗？"

萨莉："她就只会说，我们应该让妈妈自主决定。"

艾莉莎："佩格希望让妈妈决定她自己想要什么样的照顾。"

萨莉："对。当然都希望是这样，但大家也要现实一点。"

艾莉莎："你、佩格、格里都希望妈妈也能说说她的想法。特别是你，你还想要别的。你希望……你们兄妹三个就妈妈需要什么这件事，达成某种共识吗？"

　　萨莉（开始啜泣）："没错。我还想要事情……简单一点。或许我还希望能更容易预测到将来，还有安全，妈妈安全、开心，全家人都相安无事。"

　　艾莉莎："所以你觉得，现在事情复杂、不可预测？你觉得不安全？"

　　萨莉："对。因为就是不安全啊！只要妈妈把锅忘在炉子上没关火，或是在浴室滑一跤，那就完了。我老是提心吊胆的，现在看起来，这些事会没完没了。我完全不需要多一个格里来跟我吵架，也不想太苛求佩格。她工作很多，她也真的尽力了，但如果她能多表示一点儿支持，对我会有很大的帮助。"

　　艾莉莎："你听起来觉得害怕、无法承受。我觉得你或许需要得到帮助，也能休息一下。"

　　通过猜测、询问，艾莉莎帮助萨莉找出引起她那些评判的观察。一旦萨莉意识到这些观察，她就会觉得比较冷静，头脑比较清楚，让自己在回应时有更多选择。

PRACTICE 暂停下来做练习

想想你对某人的评判，看看是否能找出背后的观察。可以试着找一个练习伙伴帮忙。

NEXT

找到了观察，然后呢？接下来就是练习沟通四要素的下一个要素。下一章会讨论感受，并说明如何区分感受和拟似感受。

CHOOSING PEACE

New Ways to Communicate to Reduce Stress, Create Connection, and Resolve Conflict

感受与拟似感受

冲突情况下的感受

找到感受的技巧

找到自己的感受

第四章

你的感受是什么——
寻找感受

当你全心全意地聆听他人说话时，你听的不只是字词，而是字词传递的情感。不是部分情感，而是完整的情感。

——克里希那穆提（J. Krishnamurti）

听到儿子的车停在前门时，艾莉莎面露微笑。虽然她的儿子班恩最近找到了第一份"真正的"教师工作，还买了自己的公寓，但母子两人仍然保持着星期二墨西哥卷饼之夜的传统。

班恩走进厨房的时候，艾莉莎问："万人迷老师，今天过得怎么样？"班恩笑了笑，但笑声中没有平时的兴致盎然。在他动手准备做牛油果酱的时候，艾莉莎看出他有一丝沮丧。

"班恩，我想知道你今天发生了什么事。今天过得不顺利吗？"

"哦，妈，没事的。"班恩摇摇头，"只是跟一个孩子之间有点不愉快，他在二年级英文课上，在全班同学面前挑衅我。"

"怎么挑衅你的？发生了什么事？"

"其实也没什么大不了的。这个学生在班上一直很调皮，上课时走神，跟旁边人说悄悄话，你知道的，就那些事儿。所以我叫他坐到前排来。他走得很慢以示抗议，坐下之后又把耳机塞进耳朵里。"

有一瞬间，艾莉莎看起来很困惑，"我刚才还以为你说的是'耳塞'。所以，你是说他把那种每个小孩都会用来听音乐、连着线的小东西戴起来了？"

"对，听音乐，或是用这种方式躲开他们不想理睬的人。这个学生换到前排之后，就在我开始讲课的时候，把耳机戴上了。真的太荒谬了。全班学生哄堂大笑，让我很生气。"

"你很生气？"

"对。不过，我其实应该用更好的方式处理。但我那时候很累了，又觉得不受尊重，觉得这个小鬼就是不把我放在眼里。"

"你觉得很尴尬？"

"尴尬，当然尴尬，也很惊讶这么快就每况愈下了。"班恩叹口气，挤出苍白的微笑，"这样的日子都会让我怀疑，自己到底适不适合当老师。"

* * * * * *

"你好吗？"你可能每天回答这个问题好多次。我们根本想都没想，就会脱口回答"好""我很好""我很好，你呢"。

用"你好吗？"问候，好像是一种毫无意义的仪式，尤其在似乎根本没人真的想听答案的时候，更显得空洞。不过，这个问题的本意是表示认可、关心，对陌生人也适用。这个问句说明，感受是建立联结的重要工具。询问别人内在的情感状态，或寻找展现内在情感状态的非语言线索，是与别人的体验建立联结最快的方法。

感受传递了重要信息。保罗·艾克曼（Paul Ekman）等跨文化研究者，已经分辨出通过表情传达的几种感受，是全世界的人都能理解的。这些感受包括悲伤、高兴、生气、惊讶、不屑和恐惧。那么，其他感受呢？有很多不同的词汇可以描述这些感受，这些感受词汇的层次也更加丰富。

有些感受词汇试图描述身体的感觉，或是表达身体释放神经传导物质或荷尔蒙时产生的生理状态。用语言说明身体内部的生理现象，是消除自己和他人之间根深蒂固的隔阂的不二方法。他人可以根据你对自身感受的描述，与他们自己的经验比较，进而产生同理心。

感受也说明一个人的需要是否得到了满足。但如果你没有察觉到感受的变化或者不知道如何察觉，就很容易忽略、甚至完全没有发觉它们传递的信息。倘若你知道如何辨别感受、与他人谈论自己的感受，这将带来许多好处，包括因为对自己的了解而带来的内心平静，以及与生活中其他人有更好的联结。

本章将教你区分感受与"拟似感受"（就是假扮成感受的评判），并通过三个技巧，将拟似感受转换为真正的感受。有了这些技巧，你将更能理解自己的体验，也能更清楚地沟通，这在冲突中的作用尤其明显。

PRACTICE 暂停下来做练习

你现在有什么感受？

将你的答案用至少两个形容词写下来。

感受与拟似感受

很多人都没学过如何流畅地用语言表达感受，所以张口都是"拟似感受"也就不足为奇了。拟似感受就是代替感受的想法与评判。你可以把这种"虚假"或"伪"感受当成是由评判或评论织成的一件外套，通常要透过这件外套，才能过滤出真正的或是被掩盖在它下面的感受。

读到这里，你可能很疑惑："像感受这么个人化的东西，怎么可能会有假的？"我们这里谈的"拟似感受"，（在英语中）指的是特定的一类形容词。这类形容词乍听上去像是感受，但其实是说话者在感知外界之后，自己诠释出来的意思。

例如，假设有朋友告诉你，她"感到被威胁了"。这句话说明了她认为自己身处什么境地之中。因此你会觉得存在潜在的危险，你要认真对待她说的话。但其实"被威胁"要归类为拟似感受，因为它没有说明你朋友的内在情绪；她心里真正感觉到的，可能是恐惧、悲伤、惊慌、愤怒等混杂在一起的情绪。区分感受与拟似感受，是因为回应朋友的恐惧和回应她"感觉受到威胁"，要采用的方法是不一样的。（前者可能要全身心处在当下同理倾听她，而后者可能要帮她搬到安全的地方，并和警察联系。）

拟似感受举例如下：

被抛弃、被抨击、遭背叛、被遗忘、被不公平地对待、被误解、被视为理所当然

感受举例如下：

挫折、悲伤、害怕、难以承受、平静、有趣、友爱、兴致盎然、喜悦

（感受与拟似感受的完整清单，请参考附录A、B。）

在冲突中，分清感受与拟似感受至为关键。不仅因为你对感受与拟似感受的回应会有所不同，也因为表达拟似感受所用的语言，常常会成为解决冲突的障碍。

注意艾莉莎如何仅通过观察班恩的表情和肢体语言猜测他的感受，推断出这个一向兴致勃勃的儿子现在感到"沮丧"。"沮丧"是一种感受，似乎也精确地传达了班恩在学校度过一天之后的内心情绪。当班恩向妈妈说明当天发生的事情时，他觉得伤心，备受挫折。

当班恩与学生发生冲突时，有什么感受？他用的词汇是"不受尊重""不把我放在眼里"。这些都是拟似感受，不过不代表它们是错的或不重要。"不受尊重""不把我放在眼里"本身隐含对他人的评论，是班恩总结了他的遭遇之后做出的评判。这两个说法暗示他可能觉得尴尬、受伤、恼怒、生气、沮丧、失望，但并不专指哪一种情绪。听的人能确定的，只有班恩对事情的评论。

艾莉莎仔细地听班恩的故事。当他分享真正的感受时，艾莉莎以原话回应。她还温和地推测，潜藏在拟似感受之下的真实感受可能是什么。

班恩：全班学生哄堂大笑，让我很生气。

艾莉莎：你很生气？

班恩：我觉得不受尊重，觉得这个小鬼就是不把我放在眼里。

艾莉莎：你觉得很尴尬？

其他拟似感受的例子还有"我觉得被欺负""我觉得被误解"。我们再次强调，称它们为"假"感受，并不是认为它们不值得一提，只是要请你注意，它们其实是评判。如果有人说"我觉得被抛弃了"，他说的其实是"有人抛弃我"。当你是倾听的一方时，可以带着同理心询问此人真实的感受。真实感受可能是悲伤、害怕、受伤，或是这些情绪都有。

拟似感受通常是两种或更多真实感受的伪装，而只有真正的感受才含有有效信息，让我们知道如何应对冲突。这也是艾莉莎把儿子的拟似感受转化为真正感受的原因，这样对他才更有帮助。当学生戴上耳机，班恩因此觉得学生"不把我放在眼里"时，艾莉莎猜他应该是觉得尴尬，班恩也确认确实如此。当班恩觉得"这么快就每况愈下了"，可能也觉得害怕、孤单。有了这些信息，他就可以做出明确的选择，决定下一步怎么做。

从语法的角度来说，表达真正感受的词汇只会用来形容一个人的状态。这种状态是一种生理反应，表明你的基本需要是否得到了满足。当你说你觉得快乐、悲伤、紧张、兴奋，你形容的是内心体会到的某种感官知觉，或是神经化学反应。表达真正感受的词汇不会影射他人对你做了什么，只和你在特定时刻的内心状态有关。

当你留意自己的身体感受，并说出感受，就是在描述自己的体验，可以引起其他人的共鸣。绝大多数人都知道"害怕"或"自信"的感觉是什么样子，因为这些感受是共通的。如果朋友告诉你她"欣喜若狂"，你马上就知道她是什么意思，因为你自己有过类似的体验可以帮助你理解她。因此，当你想要分享内在的状态，表达感受通常会比说出你对事情的评判、评论、想法或故事更有效。剥除拟似感受的外衣、使用感受的语言，能帮助你发掘自己和他人内心真正在发生什么。

PRACTICE —— 暂停下来做练习

看看之前写下的感受。你写的答案是感受还是拟似感受？

冲突情况下的感受

身处冲突时，人们通常不愿意表露情绪和感受。表现出感受，就像是在暴露弱点，甚至是付出任何代价都想要避免的事情。我们的文化又进一步强化了"分享感受很危险"的假设。在某些场合中，暴露情绪和感受等同于不成熟、不专业、不理智。因为在争吵时泪水涟涟或者语不成调的人，很可能在种种实际情况中确实处于相对不利的地位。当你发出很难过或很痛苦的信号时，可能会吓到一些人，导致进一步的骚动或孤立。

因此，不论有没有遇到冲突，学会掩饰自己的感受，似乎是个很好的选择；如果起冲突的对象是自己很熟的人时，更是如此。但是这个策略有个大问题。当你情绪激动却隐忍不发，你非常有可能会充满戒心、时时防备。如果你努力隐藏自己觉得受伤、不确定、害怕、不安的事实，你的表现反而有可能让人觉得盛气凌人、傲慢、冷漠或高高在上。

如果你发现自己在压抑情绪，自动化地自我保护，那很有可能会以评判取代感受。即使你的本意是要建立联结，这些"拟似感受"一说出口，就可能导致联结断裂。

例如，你是否曾听过有人在会议中说"我觉得被轻视""我觉得不受尊重"？人们明显能看到这些话在会议中造成的影响。大家的脉搏开始加快，呼吸变浅，身体向后退缩，有自我防卫的肢体语言。至少在那一刻，大家变得不乐于接受他人，无法开放心态。当众被暗示做错的人身上，一定会有这些反应；陷入拟似感受而非真正感受的说话者身上，也会有这些反应。我们这样反复重申拟似感受的害处，完全没有言过其实。身边的人听到这些拟似感受时，只会把它们当成评判，冲突也会因此加剧。

压抑自己的感受，会强化"战斗—逃跑—僵住"的反应，而这些反应是会传染的。你的紧张会转移到其他人身上。尽管其他人不知道自己为什么也变得紧张，但很可能会同样带着紧张与你互动。

如果你能够表露真实的感受，在冲突中会更有力量。虽然这听起来似乎有悖常理，但展露真实感受，能在人与人之间产生惊人的温情与联结。就算两人刚刚还吵得不可开交，也会因此有所转变。当你能觉察到自己的感受，并为自己的感受负责，别人的态度也会柔软下来，并把你分享的感受和他生活中的体验联系起来。双方都有更多的选择回应另一方，事情也会逐步得到解决。

PRACTICE 暂停下来做练习

想想最近发生的一次冲突，以及你在冲突中的感受。参考附录A的感受清单，找出与你内在体验一致的感受。如果当时知道自己有这些感受，或是把它们说出来，当时的冲突可能会有什么不同的发展？

* * * * * *

班恩看到科瑞坐在升学指导老师的办公室门口。他做了个手势要男孩把耳机从耳朵上拿下来，"嗨，科瑞，很抱歉我昨天在课堂上那么生气。"

"哦。"科瑞看着地上，"无所谓，我都忘记了。"

"呃，对我来说有所谓。我回家以后觉得很糟糕，甚至还跟我妈讨论了这件事。"

科瑞抬起头，眼睛睁大。

班恩暗自一笑，"是的，老师也是妈妈生的，这很合理吧？"

科瑞咯咯笑了，"对，我知道。"

"我没有说出你的名字，讲这些事情的时候我都不会指名道姓。我们主要是讨论我在课堂上的反应，我发现我应该坦白告诉你我的感受。"

科瑞又紧张地笑了一声。班恩继续说："我喜欢教书。有很长一段时间我都在学校当义工。今年，我刚来这所学校教书。虽然我不想承认，但有时候我会觉得害怕。"

科瑞用鼻子哼了一声，"怕啥啊？"

班恩深吸了一口气，然后才开口："我害怕，因为对我来说这是一所新学校；我害怕，因为担心我无法成为自己理想中的老师。我不喜欢害怕的感觉，但有时候还是会害怕。当我在学生面前不够完美的时候，我还会觉得尴尬、担心。"

"我妈说，没有人是完美的。"

"你妈说得对，但我还是会尴尬、担心，特别是当我做了蠢事的时候，比如说只因为学生宁可听音乐不听我讲课，就火冒三丈。"

"洛伊文老师，你那么生气就是因为这个吗？"

"嗯，对啊，我没说吗？"

"你说你受够我'明目张胆地表现出我觉得上课多无聊'。但其实我不是无聊，我们的课挺酷的。我只是不喜欢坐到最前面。"

"但是我刚开始讲话，你就把耳机戴上了。"

"我发誓，我想都没想就那么做了。那只是我的习惯。大部分的时候，我连音乐都没开。但只要别人觉得我在听音乐，他们就把我当成隐形人了。"

科瑞的目光再次落到脚上。班恩盯着男孩的头顶，不知道该怎么回答。他花了几秒钟的时间消化科瑞刚刚说的话。

"哇，真高兴你告诉我这些。但是科瑞，你为什么想变成隐形人？"

升学指导老师从门里探出头来，"小科，你可以进来了。"

科瑞站起身，"我得进去了。"

班恩把手放在科瑞肩上，"你在学校过得怎么样？为什么你想变成隐形人？"

"这样比较轻松，懂吗？"科瑞耸耸肩，转身准备离开，但又往回退了一步，"可能我也老是觉得又尴尬又担心吧。"

班恩微笑，"哦，所以咱们是一伙的。有两个人这样，就意味着可能还有更多人也这样。也许我们该组个社团。"

科瑞翻个白眼，但还是笑了，"好吧。再见，洛伊文老师。"

找到感受的技巧

就算文化氛围不允许我们表达感受，我们仍然会有感受。在类似上述的情景中，小心翼翼地暗示自己的感受，可能导致沟通不清晰，联结断裂更严重。

下面的技巧，目的是帮助你注意别人在讨论感受时，是否无意识地"张冠李戴"。这三个技巧有助于辨别其他人真正的感受。

在以下的示例中，你会发现我们不鼓励问"你现在有什么感受"，因为多数人对这个问题都已经无感了，很少会正面回答。如果你试着猜对方有什么感受，反而更能让对话进展下去。例如，一个受到挫折的人，通常会愿意接受"你觉得受挫吗"这种问题，进而分享自己的感受。即使猜错了也是有用的，因为这可能会促进对方说出他真正的感受（例如"不，我不觉得受挫，但我觉得悲伤、失望"）。

技巧5：转化拟似感受

人们常常会使用自以为是感受的词汇。但实际上，这些词汇暗示的是别人在某方面辜负了他们。这类词汇就是"拟似感受"。将拟似感受转换成真正的感受，让你得以触及对方评判背后的情绪，有助于理清对方当下内心的状态。

有很多方法可以把拟似感受翻译成真正的感受。以下列出数种。（或许你与练习伙伴还可以再加上更多句型。）

练习伙伴："我觉得被批评了。"

你："你说这句话的时候，是感到生气吗？"

——或——

你："这跟说你很生气的意思一样吗？"

——或——

你："你对此觉得不开心吗？"

练习伙伴："他背叛我！"

你："发生这种事，你觉得受伤吗？"

——或——

你："你对这件事感到受伤吗？"

——或——

你："你感到受伤吗？"

练习伙伴："我觉得自己没人爱。"

你："当你说觉得自己没人爱时，是感到伤心吗？"

——或——

你："你为此觉得郁闷吗？"

——或——

你："没人爱？你感到受挫折吗？"

练习伙伴："我在办公室被骚扰。"

你："你受到这种对待，是不是很害怕？"

——或——

你："感到很可怕吗？"

——或——

你："你对此感到生气吗？"

技巧6：转换画面

有些人会打比方，用画面传达感受。某些画面相当清晰明了，你也不需要大声把自己猜测的感受词汇说出来。例如，如果有人告诉你："我觉得自己像黎明时的山中湖泊。"你可以相当肯定，这个人觉得平静安详。只要你觉得有助于建立联结，那就但说无妨。但也有些时候，对方用画面打比方却相当模糊，因此，务必要确认其中意义。多确认一次，就有助于对方把意思说得更明白。

范例

练习伙伴："我觉得自己像单人脱口秀里的冷笑话。"

你："你是说，你觉得尴尬吗？"

——或——

你："你觉得难堪吗？"

——或——

你："是不是觉得非常没有安全感？"

练习伙伴："我觉得自己像在森林中迷路的孩子。"

你："你说这话的时候，是不是觉得害怕、孤单？"

练习伙伴："我觉得自己像颗炸弹，随时都会引爆，闹个天翻地覆。"

你："你是在生气的时候会有这种感觉吗？"

练习伙伴："我觉得自己像黎明时山中的湖水。"

你："意思是你觉得平静安详？"

练习伙伴："我觉得自己像探险家，准备向未知迈进。"

你："你是觉得充满冒险精神、很兴奋，还是紧张又担心？"

技巧7：转换想法

人们常将自己的想法说成感受，导致两者混淆不清。这种混淆，有一部分要归咎于语言的陷阱。在英文里，当我们说"我觉得像……"（I feel like...）或"我觉得那……"（I feel that...），后面跟的话有可能是想法或意见，而非感受。

如果用"我觉得"（I feel）开头描述自己感受的句子可以用"我认为"（I think）代替，那么这句话描述的就不是感受。例如，你不能把"我觉得很生气"替换成"我认为很生气"，因为生气是一种真正的感受。相反，"我觉得我在这里不受欢迎"的确可以用"我认为我在这里不受欢迎"代替。使用这个方法，你就会知道自己说的究竟是想法还是感受。区分想法与感受，可以促使你自问内心的感受是什么，可能是生气、迷惑或悲伤。

你在分享想法时，用"我觉得"开头并没什么坏处。然而，在某些情景中，这种句型会不经意地造成联结断裂，所以觉察自己使用的语言非常重要。帮助别人把想法转化为感受，会让双方更容易联结，既能让对方理清感受，也能让对方知道你正在用心聆听。

范例

练习伙伴："我觉得他不理解我。"

　　你："你对此感到沮丧吗？"

练习伙伴："我觉得他们完全不在意我在工作上的表现。"

　　你："你说这话的时候，是感到灰心吗？"

练习伙伴："我觉得没有归属感。"

　　你："你感到害怕，没有安全感吗？"

进阶练习的诀窍

如果要练习技巧5到技巧7，那么请练习伙伴设想一个情景（真的或假的都可以）作为练习的开端。例如，"我觉得被耍了"（转换拟似感受）、"我觉得自己像一只被迫去看兽医的狗一样"（转换画面）、"我觉得同事都把我当外人"（转换想法）。谨慎地选择你的回应。练习伙伴可以就同一个情景继续对话，或是换一个情景。每练习过一个技巧，就交换一次角色，这样两人都可以练习如何同理倾听表达感受的人。一旦有信心可以掌握这些技巧后，试着说出你的真正感受。练习结束时，留出足够的时间，反思双方的表现，想想使用这些技巧的体验如何。

找到自己的感受

当班恩在升学指导办公室门外跟科瑞讲话时，不经意地帮助科瑞找到了感受。这都归功于班恩能够坦诚地分享，为自己的感受负起责任，而不是把感受归咎于科瑞或其他人。

你可能已经注意到，区分拟似感受和感受，就像区分评判和观察一样。当你知道自己用拟似感受取代真正的感受时，也要提醒自己分清观察（例如，发生了哪些事情导致了评判），然后试着将评判背后的感受分离出来。

　　为了支持你找出自己的感受，有个练习伙伴是非常有用的。随着持续练习，你也会越来越自如地支持自己进行这样的过程。想象一下在第二章，格里在跟妹妹萨莉发生口角之后，有能力区分观察与评判会怎么样。在他和萨莉吵架、萨莉摔门离去后，为了要从"战斗—逃跑—僵住"的反应中恢复过来，格里在争吵的冲击波里，可以专注于自己的感受。我们想象一下这个过程：

　　格里轻手轻脚地走到后院，在院子里走来走去，"这事情也太扯了！萨莉以为她是谁啊？我觉得完全被侮辱了。"他忽然想到，"等等，'被侮辱'不是感受。所以当我说被侮辱时，我真正的感受是什么？我想，我觉得生气。从萨莉认定了说我压根不知道妈妈的情况时，我就开始暴跳如雷，一定是因为这个我才觉得被蔑视。"

　　格里花了几分钟思索这件事。一开始他并没有发现"被蔑视"是拟似感受，但后来他想："我可以说'我认为'她蔑视我，所以被蔑视也不是感受，是评判（哎呀，好难啊）。好吧，如果这是拟似感受，那我真正的感受是什么？"

　　格里觉得脑子里一片空白，所以开始查看身体的反应，看能不能帮助自己找到感受。他注意自己胸口发紧，胃里一阵不舒服的翻腾。

突然，他灵光乍现，"我想，我感到害怕。我要帮助妈妈和妹妹应对新挑战，尤其爸爸又刚过世没多久，因此我感到焦虑。我也感到悲伤。这些感受触发了我的惯性反应，就是隐藏所有软弱的情绪，不惜一战。"

格里停下了脚步。他把手塞进夹克的口袋，低头看鞋子。

"我害怕萨莉说的事情会真的发生，而我没办法面对那种情况。"他听到自己咽下一声啜泣，允许自己体会害怕与悲伤。格里想知道萨莉是否也有一样的感受，"我不确定萨莉是否蔑视我。或许我们都只是在尽力处理这种棘手的情况。我对情况不是很了解，也许晚一点儿要问问萨莉，听听她现在怎么想。"

这个决定让格里心情舒畅了一会儿。他接着继续反思："不管刚刚跟萨莉发生了什么事，我还是很想跟妈妈和医生谈谈她的病情发展未来可能面临的情况。我感觉好像要上战场，却不知道打的是什么仗。"格里觉得体内涌起一股能量，并注意到自己用了比喻，而非感受。

"好吧，一个被征召的士兵，对战事没有足够的信息时，会有什么感觉？我感到很受挫折。要别人告诉我该做什么，无法如愿地掌控情况，也让我觉得无助和无望。又一次，仅仅只是了解自己真正的感受，就让我觉得更有希望了。现在，我真想知道，如果我们多一些沟通的话，事情会怎么样。"格里把手从口袋里拿出来，走回屋里，因为自己心胸开放、心态放松而高兴。

注意格里怎样跳脱了自己想象的"故事"，即他对萨莉及其动机的评判。若能与自己想象的故事保持一点距离，就能有空间以全新的眼光看待发生的事情。就像把注意力放在观察而非评判有所裨益一样，注意自己真正的感受可以带来内在的转化，让事情良性发展。

NEXT

当你了解了自己的感受，对接下来寻找产生这些感受的原因将大有帮助。产生感受是因为我们的需要是否得到了满足。下一章会详细说明什么是需要，以及需要如何将我们和他人联结在一起。

CHOOSING PEACE

New Ways to Communicate to
Reduce Stress, Create Connection,
and Resolve Conflict

第五章

行为背后的动机是什么——
寻找需要

当他人的行为无法满足我的需要时，我越是
同理倾听他们和他们的需要，就越有可能满
足自己的需要。

——马歇尔·卢森堡（Marshall Rosenberg）

在妈妈迷迷糊糊入睡的时候，佩格亲吻了一下她的头。萨莉和格里现在还坐在访客等候室里，他们刚在那里和医院的护工见过面。

"我知道护工居家照料会很贵，但这数额也太离谱了。"格里吹胡子瞪眼地说。

萨莉脸色凝重地点点头，"这件事詹姆斯和我已经讨论很久了。如果我们要支付居家护工的费用，唯一的方法就是卖掉妈妈的房子。"

佩格滑进妹妹身旁的椅子里，"如果必须搬家，妈妈一定会不高兴的。"

格里目不转睛地盯着萨莉，"那栋老房子的售价现在是历史最高了。你是说你和詹姆斯都同意妈妈搬到你们那里吗？"

佩格清清嗓子："其实，我有个更好的主意。我搬来和妈妈一起住怎么样？"

"哦，佩格！"萨莉把手放在姐姐手上，"我们不能让你彻底改变生活节奏。而且，这也不能解决居家护工费用的问题。"

"哦，当然能。"佩格坚持，"不请护工，由我照顾妈妈。"

萨莉看起来惊惶失措。她张嘴想要争辩，但想了想后，又急切地把目光转向哥哥，"格里？"

"佩格，我倒是和萨莉的意见一致。"格里的声调很平和，"她家有不少房间。科瑞不久之后就会毕业，到时候空房间会更多。"

"科瑞！"萨莉惊慌地跳起来，东翻西找地掏钥匙，"抱歉了，两位，我要离开一小时。科瑞的学校有个家长会，我已经迟到了。"

格里挑起一边的眉毛，假装不赞成，"你又要摔门而去了吗？"

"才不是！"萨莉不自在地咯咯笑，"嗯，其实也没错。但这次是你外甥的错。"她弯腰把脸贴在姐姐的脸颊上，"我们稍后再讨论你的主意，佩格。等我回来，我们三个一起谈一谈，好不好？"

"格里跟我现在就可以继续谈。"佩格冷冰冰地说，"你不用每分每秒都监督我们，小萨。"

* * * * * *

很多人在融入社会后，认为除了最基本的需要之外，不应该有其他"需要"。也许你被训练得只关注别人的需要，而不关注自己的需要。也许你担心哪怕只是谈及自己的需要，也会显得"贪心不足"。要克服这些文化上的成见，请你先想一想：人都需要什么，才能过丰富多彩的人生？

很明显，每个人都需要空气、水、居所、安全、维系生命的食物。但除了这些共同的生存需要，世界上的每个人，不论住在哪里，还有很多其他相同的需要，包括爱、陪伴、尊重、自主、接触、联结、做贡献等（完整需要清单请见附录C）。

前面的章节已经讨论过观察与评判、感受与拟似感受的差别。本章着重区分需要与策略，说明在化解冲突时，需要扮演的重要角色，并提供四个技巧，帮助你找出被策略隐藏起来的需要。最后，本章讨论如何更能觉察驱动行为的需要，以及如何运用对自己及他人需要的意识，改善沟通。

PRACTICE 暂停下来做练习

此时此刻，你的哪些需要得到了满足？

哪些需要没有得到满足？

需要与策略

你可以把需要看作人类生存和发展所需的必要物质和品质。就像人体需要足够的水分才不会脱水，人类也需要非物质的品质，如触摸、爱、乐趣等，才能具备最佳的生理和心理健康。本章探讨人类共通的需要。之所以称之为共通的需要，是因为世界上每个人都知道，当需要得到满足或未得到满足时是什么感觉。

为了满足共通的需要所做的事情或采取的行动，就是策略。例如，手机就是一种策略。手机并不是一种需要，但拥有手机可以满足与人联系的需要，它是一种策略。同样，如果你开车上下班，车就是满足"安全"这个需要的策略。如果换了另一个人，车可能就是满足自由或亲密感等需要的策略。

使用英语语言的人想要表达真正的感受时，某些词汇却会让他们落入语言的陷阱。同样，跟"需要"有关的某些词汇，也会让人们混淆需要和策略。当有人说"我需要你天黑前回家"或"我需要在中午前收到快递"，说话者提出的事情并不是共通的需要。说话者说出的是策略，想满足的潜在需要可能是安全或可预测性。

因为多数人都不曾学习如何觉察需要，所以在日常生活中，我们每个人都会有意或无意地在需要无法满足的时候，把自己诠释的图像或含义混入其中。每个人都有偏好的策略来确保自己的需要得到满足。我们很容易深陷在自己的策略上，而忽略了关注驱使我们使用这些策略的需要。区分需要和策略的诀窍在于，策略是具体的，需要是抽象的；人们有多种策略满足任何一种需要。

例如，想想有多少种方法可以满足食物这个基本需要。世界各地

都有特色饮食。有些地方的食物又香又辣，有些地方菜中放大蒜，有些地方吃蜗牛或牛肚。这些策略都是为了满足每个人都有的生存的需要。另外，和自己所属文化中的其他人吃一样的食物，还能满足群体、创造力、归属感等需要。有的人吃蜗牛，有的人吃动物肝脏。他们之间通常不会为此起冲突，因为他们只是在满足营养这个共通的需要时采取了不同的策略。

若你能够看到自己使用的特定策略是要满足什么需要的话，就可以试着找到某种策略，来满足冲突各方的需要。把你所说、所听的内容，翻译成你或其他人想要满足的共通需要，原本进退两难的僵局可能就此化为无形。想想上一章中，当科瑞解释他戴耳机并不是不尊重老师，而是满足自己"变成隐形人"或换种说法——安全感这个需要的策略时，班恩有多惊讶。一旦科瑞分享了这些信息，师生间的冲突就不复存在。事实上，觉察彼此的需要，还进一步拉近了双方的距离。

PRACTICE 暂停下来做练习

从附录C的清单中选一个需要，然后想出三个可以满足这个需要的策略。

冲突中的需要

不论双方已经或即将发生冲突，找出背后的需要可以为双方架起联结的桥梁。当佩格提议搬去跟妈妈住、照料妈妈时，萨莉有些猝不及防。她当时不喜欢这个主意，因为（她很久后才发现）它不能满足自己对内心安宁与掌控感的需要。当萨莉忽略自己的需要，而是采用"外在情况不允许"的解释（"我们不能让你彻底改变生活节奏"）告诉姐姐不能那么做时，结果就是姐妹之间关系紧张。佩格感到恼火，一方面是因为萨莉的措辞（"我们不能让你……"）否定了她的选择，另一方面是她认为萨莉无视她的诉求。

当你发现自己与他人起冲突时，很可能是因为双方的策略有冲突。你可能认定了如果不使用自己的策略，就无法满足自己的需要。萨莉心里有一个策略，她想让妈妈和自己家里人住到一起，她也相信这个策略可以满足每一个人的需要。然而，佩格认为萨莉的计划会剥夺妈妈的自主权。搬回妈妈家亲自照料妈妈，是佩格满足妈妈独立自主的策略，也可以满足自己对居所、与家人团聚和安全感的需要。

倘若姐妹俩都只聚焦在自己的策略上，就会身陷冲突。因此，要打破僵局，就必须挖掘她们背后的需要，并开诚布公地说出来。可否找到一种方法，在策略上既不冲突，也可以满足两姐妹各自的需要？

更重要的是，有没有策略可以同时满足姐妹俩，也满足妈妈的需要？

以"需要"来化解冲突，关键在于各方挖掘内在的动机，并说出策略背后的需要。当你可以轻持策略，而把注意力放在背后的"原因"上，你与冲突的关系就会开始改变。

记住这个方法。下次与亲近的人起了小冲突的时候，可以用这个方法化解。

P R A C T I C E **暂停下来做练习**

回想一个发生在自己身上或是在新闻上看到的冲突。哪些策略互不相容？各方想要满足的是哪些普遍的需要？

* * * * * *

萨莉和詹姆斯吃过热乎乎的炸春卷之后，和好了。萨莉跟老公说了她和哥哥姐姐如何吵起来的，后来又更有联结了。詹姆斯则告诉萨莉，当天下午他到家时，发生了一件让他大吃一惊的事情。

当天是星期四，科瑞和玛吉那天都应该参加体育训练，回家会比较晚。两个孩子计划乘坐晚班公交车回家，因为妈妈要和佩格阿姨、格里舅舅碰头，讨论怎么照顾多莉丝外婆。

詹姆斯踏进难得寂静无声的厨房时，稍微有点儿无所适从。这种恬静，就是他们两口子在未来的"空巢期"必须面对的吗？詹姆斯脑海中浮现出某天要让孩子们来照顾他和萨莉的画面，不禁浑身一颤。他毫不犹豫地把这个念头从脑海中赶走，开始做回家要做的事情，不耐烦地翻阅当天的信件。

终于，他找到了要找的东西——一个牛皮纸信封，来自科瑞就读的高中。他撕开封条，眼睛扫过成绩单时，他的下巴绷紧了。情况和升学指导老师说的一样糟，甚至更糟。

就在这个时候，科瑞穿着运动裤"砰砰地"走下楼，手上拿着电脑游戏的手柄。看到老爸的时候，他愣住了。大约一秒钟之后，儿子和老爸同时说："你在这里干吗？"

詹姆斯难以置信地盯着儿子，"你还问我在这里干吗？你怎么没去练越野跑？"

"我还以为你会陪妈妈一起去外婆家。"

"你没回答我的问题！"詹姆斯低吼，手重重地拍在桌子上。科瑞缩了一下。

"还有，这你怎么解释？"詹姆斯举起成绩单。

科瑞怒目圆睁，"你竟然拆我的信？"

"两个D，一个F！"詹姆斯的声音发抖，科瑞的成绩让他更为生气。

"不要慌，爸爸，"科瑞皱皱鼻子，"只是期中考试而已，没什么大不了的。"

"没什么大不了？"詹姆斯冷笑，"你以为这是开玩笑吗？成绩不好，以后会吃苦头的，科瑞！你以为人生跟你那些愚蠢的电脑游戏一样，想重来几次都可以吗？"

詹姆斯的讽刺正中要害。他看到儿子的脸因为受伤和羞辱而扭曲，很快又换上了一副不服气的、冷若冰霜的表情。

"爸，你什么都不知道，"科瑞跑回房里，提高了声音，"你们这些人能不能别管我？"

保持冷静，找出需要

詹姆斯和科瑞都处在应激反应中。父子俩就像参加奥运会雪橇比赛一样，雪橇一推出山头，就在又快又滑的赛道上迅速下滑到终点。他们要么翻车，要么滑到终点。

詹姆斯和科瑞之间的冲突，因为成绩单以及在家里的不期而遇而瞬间爆发。但还有其他因素，就是爸爸和儿子在大大小小的分歧中累积而成的、惯性的冲突模式。也就是说，科瑞和詹姆斯都在遭遇两样东西：一个是他们自身的"战斗—逃跑—僵住"的生存反应，一个是像赛道上的平底雪橇似的惯性冲突模式。

所以，他们要怎样才能恢复自己正常的认知功能？当你被情绪冲昏了头脑，到底要怎么做才能分辨出背后的需要，来帮助自己和与对方建立联结？要如何避免重蹈覆辙，比如吼叫、讽刺、轻蔑的神情、翻白眼，或其他让人克制不住的惯性的冲突模式？

研究表明，就算只是觉察到自己当下体会到的感受（愤怒、惊吓、羞愧等），也可以降低这些情绪导致的生理反应。只是给特定时刻的感受命名，并体会它，就能深刻影响你的体验。

在"调解人生"培训中，我们总会在这一方面重点训练学员。我们先让学员专注地把冲突的"扳机"找出来，然后扣动"扳机"，让他们注意身体上的生理反应。把注意力放在这个过程上，让我们不再紧抓着受到的刺激，不再陷入"战斗—逃跑—僵住"反应。这个方法重新引导我们的注意力，可以让我们从只求生存到回归理性。

* * * * * *

詹姆斯忍住去追儿子的冲动。当听到科瑞用力关上他卧室的房门时，他需要全力克制，才能阻止自己冲上楼梯，踹开儿子的房门。詹姆斯气得两眼发黑：科瑞居然说这张糟透了的成绩单对他来讲"没什么大不了的"？

他知道如果萨莉在家的话，会说什么。她会说："青春期的儿子挑衅你，不代表你要迎战。让自己等一等，消化一下他在你心里激起的反应。"

（詹姆斯也知道自己会如何反驳："这不是我的问题，是他的问题。这孩子得知道他的行为非常混蛋。"）

詹姆斯烦躁地踱步。几秒钟后，他开始爬上楼梯。并再次想象，萨莉可能会如何用观察和同理倾听，默默地重新引导他的怒气，"你希望科瑞知道，成绩不及格、粗鲁无礼都是不可以的。你现在还火冒三丈。你确定准备好和科瑞谈话了吗？你打算说的话可以创造你想要的结果吗？"

詹姆斯叹了口气。自从萨莉参加"调解人生"训练之后，家里大不相同了。詹姆斯一开始有些抵触。但现在他不得不认可，因为萨莉的身体力行，他与孩子的争执和以前不太一样了，即使萨莉不在场时也一样。不，他还没做好跟科瑞谈话的准备。詹姆斯回到楼下，把自己摔倒在沙发上，试着进行萨莉一直向他大力推荐的"重拾理智"自我联结练习。

何谓自我联结

战斗或逃跑反应往往会引发道德评判与"敌人形象"，对方被认为是不折不扣的"坏人"。当你觉得这让你无法和对方联结时，最有帮助的就是查看你与自己是否仍有联结，并在必要时"自我联结"。

"自我联结"是什么意思？自我联结能让你理清思路，基于当下时刻的需要解决问题。即使需要未得到满足（例如，没能好好睡一觉），仅仅是认识到自己觉得疲惫、需要休息，就能带来自我联结。

当詹姆斯纠结是否冲上楼质问科瑞时，他也知道自己仍处于破坏模式。也就是说，他要说的话和做的事可能会让当下的冲突变得更糟。要是在以前，詹姆斯可能已经不顾一切地冲上楼，决心"给孩子一个教训"，让儿子知道自己有多生他的气。他会恣意地吼叫，至少吼一会儿；就算预见到自己之后会后悔，也无法阻止他那难以抗拒的战斗本能。

但现在，詹姆斯知道用另外一种更有效的方式可以积极应对自己的怒气。他可以通过自我联结让自己冷静下来，理清导致父子关系紧张背后的需要。

* * * * * *

虽然詹姆斯现在还不想承认，但他知道大吼大叫是个差劲的策略，不太可能满足他未满足的需要。但吼叫是他唯一的策略，满足他……的需要，究竟是什么需要？

詹姆斯闭上眼睛，注意到胸口发麻、右边太阳穴跳动。他气疯了，呃，又气又觉得有压力，还不受尊重！好吧，不受尊重可能是拟似感受，但又怎样？那个十六岁的小子说他"什么都不知道"！

吸气，呼气。

背后的需要是什么？萨莉更擅长弄明白这些。

他又气又觉得有压力，是因为他需要尊重，对吧？萨莉总会把他对尊重的饥渴，转换为他对于自己想在科瑞的事情中"被倾听""被看见""被重视"的需要。

萨莉第一次这么说的时候，詹姆斯嗤之以鼻；但不自觉流下的眼泪刺痛了眼睛，让他知道萨莉是对的。

还有另外一种感受混杂其中——恐惧。科瑞前所未见的行为，让詹姆斯害怕。所以要"让科瑞终身禁足"的强烈冲动，让詹姆斯对科瑞的未来有"安全感"和"可预测性"的需要。

詹姆斯再度坐直身体，睁开眼睛。有没有可能科瑞也感到恐惧？

明确需要的力量

找到需要之所以有这么强大的力量，是因为人看待所发生的事情的观点发生了改变，有了一种顿悟。这也是冲突化解过程中最不可思议的地方。当你身处冲突的漩涡中心，你的愿景可能会被自己脑海中的故事扭曲。这就好像你的评论、拟似感受或无法实施的策略引发了强烈的情绪，让你气糊涂了。

不过，一旦你明确了策略背后的需要，就会产生不可思议的洞察力。头脑冷静下来，愿景重现，并能理解冲突的根源。刹那间，你会更准确地看清是什么在驱使你自己和对方的行为。

和那些脑海中认为的对方"颐指气使"、"坏心眼"、"冷酷"、"漠不关心"等说再见。你突然发现，对方只不过是在保护自己，或照顾家人。你可以看到驱动他行为的需要。

你也能看到自己行为背后的"原因"，不会再以一副"有我没你"的劲头坚持自己的策略，你发现自己真正需要的其实是尊重、自主、理解。这一刻，当观点改变，你就可以摆脱表面上的细节、脑海中的故事、过去的恩怨，进入另一个层次。你发现对方不过是想满足自己的需要，而不是为了伤害你。

当你能够改变观点时，不必强迫自己放下脑海中的故事和评判。

因为它们会主动离你而去。那些让人沮丧的想法，不再主宰你。

詹姆斯想起，女儿玛吉也曾发生过这种转变。她四岁的时候，有一天和朋友艾玛看完放烟花，和各自的家人走在回家路上。玛吉让艾玛牵她的手，艾玛拒绝了，玛吉哭了起来。萨莉跟她说："你为什么不问问艾玛，为什么不跟你牵手？"玛吉照做了。她问艾玛："你为什么不想跟我牵手，艾玛？"艾玛回答："我的手很冷。我想放在口袋里。"

一旦玛吉知道艾玛为什么说"不"，马上就转嗔为喜。她的体验转变了。一开始，玛吉似乎认为艾玛拒绝跟她牵手是因为艾玛不喜欢她，在拒绝她。等她发现艾玛只是为了暖和，脑海中的故事就消失了，也不难过了。她问艾玛能不能挽着她的胳膊，艾玛说"可以"。这样一来，两个小姑娘找到了解决方案，既可以满足艾玛温暖的需要，也可以满足玛吉亲密感的需要。

想起玛吉"转变"的经历，詹姆斯提醒自己，对科瑞的需要和他自己的需要保持好奇，因为这是重新建立联结的方案。只有联结，詹姆斯和科瑞才能找到策略，满足双方未得到满足的需要。

* * * * * *

詹姆斯心里仍然感到非常不安，无法马上和科瑞谈成绩单的事情。但跟几分钟前比起来，他感到情绪缓和多了。他们可以晚一点再谈，可能萨莉也能帮助他们谈。现在，他们可以给玛吉一个惊喜，在足球训练一结束就去接她。

詹姆斯正欲脱口而出："科瑞，你现在给我下楼。"但想到儿子听到这句话的感受，他改变了措辞，"科瑞，我现在不想谈成绩单，也不谈你今天不训练的事情。不过，等你想谈的时候，我想知道你怎么了。现在，你愿意陪我去接玛吉吗？"

科瑞的门慢慢打开，这个男孩慢慢走到走廊上。

找到需要的技巧

人们常常混淆需要与策略。他们主要用四种方式把二者混合：把需要和某个人、地点、东西或时间这四个方面联系在一起。接着，他们把特定的人、地点、东西或时间当成策略，并妨碍他们看到背后的需要。以下四项技巧说明了这是如何发生的，以及如何将策略转换为需要。你看看是否能猜出策略背后的需要或动机。

技巧8：把需要与人分开

想一想，你是不是经常把"需要"这个词用在"我需要你……"

这样的句型里？后面你说的可能是"爱我"或"去倒垃圾"等任何内容。这样表达的问题在于，对方可能会把你的话当成要求。为什么呢？因为"我需要你……"是把需要与策略混杂在一起的典型例子。这样的策略试图让对方做一件特定的事情来满足你的某个需要，因此十分冒失。

说"我需要你……"释放出的信号是，你的幸福快乐都取决于对方的行为。当我们听到对方说"我需要你……"时，我们接收到的信息是：他的幸福快乐都取决于我们是否听话照做。

不管是哪种情况，隐含的都是对方不能说"不"。剥夺对方选择的自由，会让被点名要满足你需要的人觉得纠结，造成内在的冲突。

当事人很容易会将你说的"我需要你……"解读为没有选择。如果看起来没有说"不"的自由，可能会激起对方对自主权的需要。最后使其陷入内心冲突，一方面想照你的要求做，一方面又想为了维护自己的独立转而做别的事情。

把需要和特定的人分开，你就可以看见，要满足我们的需要有很多选择。如果你仍选择让某个特定的人为你做某件事来满足你的需要，但你也知道自己还有其他策略，所以你的口气会比较轻松，反而让对方更容易接受你的请求。当你听到别人说"我需要你……"的时候，也是一样的。当对方的基本需要没有跟特定策略混在一起的时候，要理解这些需要就容易得多。如果他背后的需要不明确，就大胆猜测一下，因为即使猜错了，也能促使对方进一步澄清。

范例

练习伙伴："我需要她尊重我。"

你："所以对你而言，在这个情况中，尊重是最重要的吗？"

练习伙伴："我需要老板认同我为这个项目所做的工作。"

你："你希望你完成的工作能得到认可，尤其是老板的认可？"

练习伙伴："孩子们真的应该自己整理东西。"

你："你看重的是整洁，还是为别人着想？"

——或——

你："你希望有人帮忙保持屋内整洁吗？"

练习伙伴："他需要去倒垃圾！"

你："你是说，你希望有人帮忙做家务？"

——或——

你："你想要的是做家务得到更多的帮助，还是共享责任？"

技巧9：把需要与地点分开

你可能对成长的家乡、对你有特别意义的地方或是做特定事情的地方有强烈的联结。例如，你必须离开心爱的住所搬家时，这让你心痛欲绝。

当你对一个地方有这种情感联结，就可能认为必须在那里满足自己的需要。因此，你可能会把这个地方和安全、关怀、个人的幸福联系在一起。

如果可以把需要和地点分开，就可以拓展可能性和选择。你可以想想，为什么这个特定地点如此重要？有没有其他地点同样能满足你的需要？这不是冷酷无情，只是为了增加满足自己需要的可能性。

范例

练习伙伴："我需要待在办公室里。"

　　你："你是说，如果你在办公室，完成项目需要的所有资料都在手边，会觉得更有自信？"

　　——或——

　　你："待在办公室里，能帮助你专心吗？"

练习伙伴："我必须去朋友的派对。"

　　你："你期待联结和社群吗？"

————或————

你："派对让你有乐趣吗？"

练习伙伴："我没办法参加冥想，好郁闷。"

你："你很想独处吗？"

练习伙伴："对，但不只是这样。我也很喜欢冥想中心周围的自然
风景。"

你："所以你还需要亲近大自然吗？"

技巧10：把需要与物品分开

你或许还记得在生命中某一刻，拥有某样物品（例如新车、新房
子、最新的科技工具）是最重要的事情。你甚至可能觉得自己的幸福
都仰仗是否能拥有这些东西。

学习把需要与物品分开，在当今的消费主义社会是非常有用的工
具，这会让你有更多选择、更少冲动购物。若我们可以把获得光鲜亮
丽的新玩具的策略跟这个新玩具能满足的需要分开，就能有更多自由
来思考自己到底想满足什么需要，以及何种策略更可能让你获得自己
真正想要的。把对话的重心转移到策略背后可以满足的需要，对话将
更能考量到满足双方需要的最佳策略，甚至可能比买最新款的车子或
电子产品更便宜。

注意以下的对话如何帮助双方，在对东西的欲望和东西本身之间留下空间。然后，对话的重心转移到这些东西要满足的需要，并考虑长期而言，这些东西是否真的能满足需要。

范例

练习伙伴："我需要车。"

　　你："有了车，能让你自由活动吗？"

　　——或——

　　你："你想要车，因为能准时到办公室吗？"

　　——或——

　　你："有了车，能让你有更多控制权吗？"

练习伙伴："我现在真的不能丢掉这份工作！"

　　你："你需要秩序感、可预测性吗？"

　　——或——

　　你："你需要秩序感、可预测性，还是要养家糊口？"

练习伙伴："我真的需要今年发奖金带来的额外收入。"

　　你："跟安全感和稳定有关吗？"

　　——或——

　　你："额外收入能让你安心吗？"

技巧11：把需要与时间分开

在当代社会，大家很重视时间，很容易让我们把需要和要在某个时刻做某件事的策略混在一起。你或许认识容易因日程安排而焦虑或总是把"我们必须准时到达"挂在嘴边的人，或许你自己就是这种人。

注意"我们必须……"句型的功能，是绝对不给其他替代方案留余地的。你是真的"必须"，还是只是不喜欢没有做到的后果？如果删掉"必须"，你的体验会有什么改变？

你不必过没有选择的生活。只要考虑准时到达能满足的需要，或希望在一定时间内实现的其他目标，就能更加心胸开阔地进行对话。同样，帮助其他人找出他们看重时间是为了满足哪些需要，也能让他们看到更多选择。

范例

练习伙伴："我得准时到达那里。"

你："准时到达对你很重要，因为你看重承诺吗？"

——或——

你："因为这关乎信任、可靠，关乎你是否言行一致地信守承诺吗？"

——或——

你："你想表现出关怀、体贴吗？"

练习伙伴："我昨天就该把报告完成！"

　　你："你这么说是想满足可靠的需要吗？"

　　——或——

　　你："你准备好这份报告，是为了支持团队按照计划进行其他工作吗？"

　　——或——

　　你："你是不是想要信任和可靠？"

练习伙伴："我需要事业现在就成功，而不是一年之后！"

　　你："是因为你希望可持续发展，以有意义的方式做出贡献吗？"

　　——或——

　　你："是因为你想要跟事业有成的人建立伙伴关系吗？"

进阶练习的诀窍

用以上的例子做完初级练习后，下一步是用真实的情景进行练习。你很清楚自己在这些情景中的策略，但不确定驱动你的需要是什么。请练习伙伴帮忙，猜猜可能是什么需要。练习的时候，可以参照附录C的需要清单。记住，猜得对不对不重要。在练习中，猜错跟猜对一样有效，因为即使猜错，也让对方有机会探究自己的内心，更准确地找出动机。

跟前述章节一样，在练习结束时留一点儿时间与练习伙伴分享，看看本练习对自己最有帮助的地方是什么。

找到策略满足所有需要

找到需要和找到观察、感受一样，能让你彻底地改变。当你挖掘到触发你的感受或采取特定行为的原因时，会产生生理变化。在那一瞬间，你会觉得心明眼亮，更能与他人建立联结。

一旦你明白自己的言行都是满足需要的策略，就可以随时检查自己的状态。不论是在对话或冲突中，抑或在日常活动中，我们的行为都是为了满足某些需要。我们可以参考附录C中的需要词汇，养成说出需要的习惯。通过这种方式，你可以提升自己的觉察，不论身处多么困难的情景，都可以快速联结到自己的需要。具备这种能力可以帮助你放松身体，也能让你从眼花缭乱的策略中，选择遵循自己的价值观的策略。

当你让他人理解你的内在状态时，清晰自己的需要将有助他人与你内在的体验相联结。小心不要把这个人与你的需要绑定在一起，否则会让你混淆需要和策略（也可能会让这个人更难与你建立联结）。

和亲近的人发生冲突时，区分需要和人的能力显得尤为重要。我们很容易毫无察觉地认为，自己的幸福取决于关系亲近的人是否愿意在特定的时间为自己做某件事或去某个地方。我们很难避免这种想法。但如果你告诉对方他要在什么时间做什么事来满足你的需要，只会给冲突火上浇油——对方听到的是要求，并进入自动化反应。

若你发现自己的策略绑定在特定的人、地点、时间或物体上时，请自问为什么你想这样。假设你希望伴侣在晚餐后收拾餐桌，对方做不做这件事，对你有什么影响？

挖掘到绑定在策略背后的需要，你可能会发现，有几个层面的需要。如果伴侣在晚餐后收拾餐桌，或许满足你整洁的需要；如果每天你煮晚餐他收拾餐桌，可能让你感到家务分配是公平的。更深入地看，你可能会发现，伴侣收拾餐具还能满足关怀的需要。整洁、公平和关怀的需要，都可以借由伴侣收拾餐桌获得满足。然而，还有一点很重要，那就是这些需要也可以用其他方式满足。能理解这一点，表示你已经成功地把需要与特定的人解绑开了。

一旦想满足的需要清晰了，你就可以用完全不同的方式与伴侣进行讨论。不用说"我需要你收拾餐桌"，这会把具体的请求跟你想满足的需要绑定在一起。试试其他说法，例如："你可以帮忙收拾餐桌，让我坐下来休息一下吗？我今天一整天都没空休息呢！"

PRACTICE 暂停下来做练习

做一个计划：如何提升对需要的觉察。

* * * * * *

应玛吉的请求，她星期五足球训练的时候，格里舅舅和佩格阿姨都到场加油。格里和詹姆斯一起站在球场边，大声鼓励玛吉和她的队友。萨莉分发完中场点心之后，深吸一口气，去找佩格，"吃片橘子吧？"

"不了，谢谢。不过呢，这些橘子摆盘摆得真是漂亮。你好厉害，小萨，当之无愧的完美妈妈。我们都觉得要被你逼疯了，这不是没有原因的。"

"哎呀，"萨莉觉得有点受伤，"摆盘没什么了不起的。我手边正好有盘子，这样摆感觉也比较卫生……"萨莉突然停住了，因为她发现姐姐正含着眼泪对她微笑。

"我很高兴玛吉要我们来看她比赛。"佩格说，"你的孩子们都很棒，如果大家又能住得这么近，我一定会很开心。你知道，这里以前也是我的家。如果搬回来，不但能省钱，还能回到我有很多朋友的地方。"

"也是有家人的地方。"萨莉说，"你永远都是我们的家人，佩格。只要你想，不论什么时候都能来跟我们住。"

佩格转过脸去看着足球场，"谢谢你，我心领了，我知道你是真心的。但我跟妈妈谈过了，我觉得她的需要跟我的需要是一样的。我们都爱家人，但我们也重视隐私和独立，所以想尽可能地保持独立。"

"让别人帮一点小忙没什么不好……"萨莉刚开口又停了下来，"我想要帮忙，但我发现，帮忙其实跟满足我自己的需要更有关。我能听到你说你需要住处、不必为钱发愁、有家和社区的感觉，还有，你跟妈妈都重视自主。"

佩格用力点头，"没错！就是这样。萨莉，我不想伤你的心，你人非常非常好，永远都这么慷慨。你和詹姆斯都是这样的人。"

萨莉摇头，"我只是很爱你们，希望大家都开心。"她安静了一会儿，然后咯咯地笑了起来，"这种时候，我的朋友艾莉莎就会问：'那么，他们开心，为什么能让你开心呢？'"

"你会怎么回答？"

"只要你和妈妈开心……和安全……就满足了我对内心平和，还有平静、放松的需要。哦，佩格，如果你搬回来，我会非常高兴，因为这样可以满足我想要有人陪的需要，而且是大大地满足！"

佩格用手臂环住萨莉，用力抱紧她，"你觉得这样安排真的可以吗？我们要不要再跟格里谈谈？或许，为了顺利进行，要达成一些共识？我知道妈妈的居家康复看护，有很多细节要确认。不然，我们可以先尝试一段时间试试？"

"这主意不错。"萨莉点头，"我认为格里和妈妈也会喜欢的。"

玛吉的队友踢进一球，观众大声欢呼。萨莉和佩格相视而笑。

一旦我们触碰到驱使自己和他人的行为背后的动机，就有办法找出满足我们的需要的策略。下一章将探讨请求，如何用请求满足自己的需要，并与身边的人建立联结。

CHOOSING PEACE

New Ways to Communicate to
Reduce Stress, Create Connection,
and Resolve Conflict

要求与请求

请求的技巧

对自己提出请求

通过约定唤醒觉察

第六章

你想要什么——
找到请求

一个人把话讲清楚，也能帮助其他人把话讲清楚。

——克莱尔·努尔（Claire Nuer）

詹姆斯记得愤怒时的身体感觉，就像灼热的液体漫过身体，涌向喉咙。他看到成绩单，看到科瑞在家，感到极度愤怒，想要惩罚儿子，想要让科瑞因为懒散、偷偷摸摸而觉得羞愧。

詹姆斯用手指摸着眉毛，瘫坐在椅子里。为什么科瑞突然不愿意上学了？秋季之前，科瑞的成绩都在B⁻以上，也绝不会缺席体育训练。发生了什么事？为什么他充满戒心，行为散漫？

有时候，为人父母会面临这种极为困难的局面，为孩子的幸福坐立难安和痛心。好吧，明天起，他和科瑞可以早一点起床复习功课。他可以强迫科瑞在功课上投入更多时间，直到成绩赶上为止。短期内，这当然不是什么开心的事，但有一天科瑞会为此而感谢他。

詹姆斯脑海中突然出现一幅画面：自己的父亲拍桌，弯腰指着他的鼻子怒骂。一想到这段往事，他的胃就痉挛。父亲想帮他复习功课的那些夜晚，每每让他心惊胆战。（"振作起来，小詹！专心一点，就这一次，把它做完！"）最后，詹姆斯学会了绝不在父亲眼前表现任何自我怀疑。他痛苦地隐瞒错误，因为犯错似乎会让父亲失去理智。

父亲并不是一个残酷的人，完全不是。但一想起当自己让他失望，父亲火冒三丈、"丧失理智"的样子，詹姆斯就感到不寒而栗。因为自己的原因，造成了那么多焦躁不安，让他觉得很有压力，也很害怕。这也让詹姆斯想要付出一切代价避开父亲。

科瑞现在的感受，是不是与我从父亲那里感受到的压力和恐惧完全一样？想到这点，詹姆斯喉咙哽咽。"我不想成为这种人。"他自言自语，"我得改变这种模式，不然只会离科瑞越来越远。我有没有对科瑞和自己提出什么明确的请求，扭转这种局面？"

* * * * * *

我们的文化经常鼓吹"有志者事竟成"。这告诉人们，只有一心一意、意志坚定、毫不妥协，才能得偿所愿。坚韧不拔当然是好事，但如果你是以强人所难，或以恐惧、内疚、羞愧、义务、胁迫等压制手段达成目的，带来的结果可能不如合作好。

命令几乎总是会激起对方进一步的防御。想象一下妈妈（或爸爸，以下都以妈妈为例）要小孩子洗澡的场景。妈妈说："该把玩具收起来进浴盆了。"孩子认为这是要求，于是回答："不！我不要！我昨天洗过澡了，为什么总是要洗澡？我讨厌洗澡！"妈妈回答："你为什么要这样？你明知道你得洗澡。"然后，双方进入权力斗争，妈妈和孩子都越来越情绪激动。之后，妈妈可能会在盛怒之下动手拖孩子去洗澡，或是威胁孩子必须洗澡。这场斗争对双方可能都会是一次恐怖的甚至创伤性的体验。

孩子洗完澡之后会怎么样？可能双方会说出伤人的话，或因为不开心而掉眼泪。两人不说话、联结断裂，用肢体语言、冷漠表情表达对彼此的不满。孩子觉得被强迫做了不想做的事，情感受到伤害，性格可能变得暴躁易怒和孤僻。下次洗澡时，妈妈和孩子可能会冲突重演。形成固定的模式之后，孩子可能变得更为抗拒。另外的可能性是，孩子害怕妈妈的愤怒与惩罚，可能会在洗澡时表现得很顺从，却在其他地方发泄不满，例如在学校不服管教，或是在该出门的时候拖拖拉拉。不管是不是故意的，孩子会在某些事上表达受伤与愤怒，让父母的日子更艰难，更有挫折感。

洗澡的战斗不止发生在育儿过程中。在任何情境中，只要有人提出要求，不管是来自老板、朋友、伴侣，就会有这种互动模式。强求，绝大多数时候都会激起反抗。如果你觉得被迫做某事，就算你照做，不愉快的情绪也会在别的地方爆发出来。

现在，想象自己是要强迫别人做事的那一方。或许出于某种特定的原因，你想要别人服从，又或许因为希望对方尽快同意而产生压力。但事实上，我们根本无法强迫别人顺从我们的意志。两岁孩子情绪失控时乱发脾气，青少年因为要拥有自主权而暴躁地对待别人的命令，这都是明证。不管有多渴望，你都无法指使别人做事；唯一能做到的就是制造对方不喜欢的后果，或在肢体上、情感上惩罚他们。

马歇尔·卢森堡在说明这一点时，是这么说的：

你无法强迫别人做事。

只能强迫他们宁愿照做。

要是你强迫他们宁愿照做，

他们就会让你宁愿没有强迫他们做。

提出有效的请求而非要求，代表沟通时双方在合作。利用本章提出的六个请求技巧，会提高请求成功的概率，也会降低别人把你的请求听成要求的概率。

要求与请求

之前，每逢要在家中举办家庭聚会，萨莉都会觉得压力山大。按照詹姆斯的说法，每次聚会前，萨莉都会在他面前"抓狂"，说："为什么碗和盘子没有收好？为什么所有的事情都要我做？到处都是你的东西，你不听我说话，也不关心我要做什么，我要做的事从来都没有人帮我。"詹姆斯会不可避免地产生防御心，也感到愤怒。萨莉这些话没有认可他做了的事情。他也希望被她看见，他以自己的方式表达对萨莉的关心。最后，詹姆斯习惯性地反驳萨莉的批评，指责她只记得不好的事情，对他最刻薄。第一批亲朋好友到达时，不管是萨莉还是詹姆斯，都没有心情好好欢迎他们。

冲突中的每个人都容易把自己视为受害者，这进一步助长了愤怒、难过和受伤。如果带着这些情绪让别人做事，很容易听起来像是在提要求（不管这是不是你的本意）。这进一步加剧冲突，对解决问题于事无补。当萨莉在情绪激动的时候对詹姆斯说话，其实是在向他求助，但她的话听起来像要求，让她与詹姆斯之间的冲突更加严重。

根据我们的期望提出清楚、可行的请求，是一个很少会有人教给我们、也不会有人示范的技巧（一个心情不好的人提出要求时，人们不会听到他其实是在说"请"）。多数人在努力得到自己想要的东西时因为使用的方法无效，所以结果往往事与愿违。例如，有些人可能表达得很模糊，或是用负向的方式让别人做事情（"你可以不要再这么烦人了吗？"），或是暗示对方只有答应说"好的"自己才能满意。也有人担心和害怕提出自己真正想要的东西会显得"颐指气使""控制欲强"，然后又因为身边的人居然没有猜出他们想要什么而感到难过。

当把需要与策略混在一起时，请求很容易听起来像是要求。当你觉得只有别人照你的话做才能满足自己的需要时，这种情况就会发生。如果内在带着这种紧迫感，你的语言技巧可能表现得像是其他人可以选择如何回应你的请求，但你的声音和表情都会透露着要求，导致他人抗拒。

在上一章，我们已经看到从关注细节转为重视大局有很多好处。（当你脑袋里想的、嘴巴里说的都只是策略时，最好找出背后的需要。）然后，为了提出真正的请求，从大局转回到细节，则会更有帮助。一旦你找到自己的需要，就可以开始考虑如何提出请求来满足需要。

以下技巧的部分，将更详细地说明请求的特点，帮助你学习如何提出请求，让自己更有可能实现想要的结果。基本上，提出请求就是达成约定；因为这种约定能满足各方的需要，所以大家都会更愿意遵守。

请求的技巧

花一分钟回想一下，到目前为止，你从本书的沟通四要素（OFNR）中吸收了什么。你学到如何帮助他人明确**观察**（与之相对的是评判），体会并说出**感受**（与之相对的是拟似感受），联结自己的**需要**（与之相对的是策略）。现在，你终于可以帮助他人（以及自己）把注意力放在 "R"（Request）上，找到为满足需要而提出的**请求**。这意味着你用**行动语言**[⊖]，提出当下可行的、正向的请求，也代表你打算帮助他人（或自己）提出真正的请求，而非要求。

接下来，我们把有效请求的所有元素分解成你可以练习的三个技巧。每个技巧都很重要，而且与先前章节中的技巧不同的是，在一个请求中，必须同时运用三个技巧才能成功。三个技巧同时运用，是达成有效约定的基础。你会发现，提出强有力的请求可以帮助你和他人联结，同时也能满足自己的需要。

以下各项技巧举的例子，都是以特定技巧帮助他人弄清楚他们的需要的实例，说明如何把"想要什么"转化为请求的语言。

技巧12：提出当下的请求

没有人能保证我们未来一定会做什么事。我们现在能做的，顶多就是答应自己有意愿在未来某个时刻做什么。假设朋友约你星期五晚上去看电影，如果你答应了，表达的是现在的意愿，你愿意周五晚上在某个时间点、某地与朋友见面。但是，各种突发状况都有可能让你无法做到。因此，在答应别人或对别人提出请求时，如果能清楚说明我们答应的是当下有意愿在未来做什么，会很有帮助。即使我们让别人答应的事情会发生在未来，"答应"这个行为也是在现在完成的。

⊖ 即语言表达的是可行的、具体的、可以观察到的行为。——译者注

在"调解人生"的培训中，我们鼓励学员提出当下的请求。这看起来可能微不足道，一旦你意识到请求有多么经常地以未来形式出现，就可能不这么想了。例如，你可能会问："你能在周五下午五点前把报告发给我吗？"这样问也可以，只要你心里清楚地知道自己说的其实是："你是否愿意现在（以当下这一刻作为基点）答应在周五下午五点前让报告出现在我面前？"注意使用的语言与其表达的意思可以帮助你记得：面对不可预知的未来，请求并非"刻在石头上的碑文"。认识到这一点可以预防冲突，因为你会更容易记得，如果没有做到之前达成的约定，可以与对方和自己再次联结，而不是报以惩罚或责备。

与练习伙伴一起使用以下的例子，练习支持彼此提出当下的请求。记得要和之前的练习一样交换角色进行练习，才能让两人都有扮演支持性角色的体验。当然，如果你们愿意的话，练习时可以用自己的真实事例代替本书提供的范例。另一个方法是独自练习，时刻注意自己提出的请求是否都是当下的。如果不是，请尝试改变思维，直到可以把请求视为是当下的请求。

范例

练习伙伴："我真希望他能早点回家！"

　　你："你觉得怎么做或怎么说，可以把你希望的事情表达得更清楚？"

练习伙伴的请求范例："你愿意同意每天晚上六点回家吗？"

练习伙伴："当同事因为心情不好而大声嚷嚷的时候，我希望自己
的自动化反应能小一点。"

你："想象一下，下一次同事又这样的时候，你要怎么提醒
自己？"

练习伙伴与自己约定的范例："我愿意提醒自己，每次遇到
这个同事时，如果他又心情不好，我要先深呼吸三次
再回应。"

——或——

你："你觉得做什么事情能确实帮助你反应小一点？"

练习伙伴与自己约定的范例："当我和练习伙伴练习时，如
果练习伙伴扮演我同事心情不好时的样子，我要能够
先停下来，深呼吸三次。"

练习伙伴："她上班迟到让我难以忍受。她应该要准时！"

你："你想再跟她谈一次吗？确认她知道要在约定好的时间
上班？"

练习伙伴的请求范例："同事，今天部门会议结束后，我们
能不能单独谈一下准时上班的事情？"

——或——

你："想想看可以怎么跟她说，能让她在你希望的时间到
　　达？"

练习伙伴的请求范例："能不能让我了解，是什么原因让你
　　无法按先前答应的时间来上班？"

练习伙伴："我受够了，他说会回电，结果从来没有做到！"

你："所以你想跟他约好，他要说到做到？"

练习伙伴的请求范例："你下周能不能抽出十分钟，和我一
　　起头脑风暴一下，有什么办法能让我确定，你说会打
　　电话给我时，真的会打？"

——或——

你："你觉得能跟他怎么合作，让他更能记得回电给你？"

练习伙伴的请求范例："当你说会回电给我时，我能做什么
　　好让你更有可能做到？"

技巧13：提出正向的请求

这个技巧中的"正向"，指的是提出请求的人说清楚要什么，而不
是不要什么。

人们经常因为发现别人正在做自己不喜欢的事情，而想提出请求，所以很多请求是以负向的方式表达，也就不足为奇了。（例如，"你可以不要把脏碗盘丢得到处都是吗？"）说出你不想要什么，本身没有什么问题；但如果你也能说明你想要什么，结果或许更能让你满意。

正向请求更易被人接受，因为听起来不太像批评或要求。下面两个句子，你更想听到哪一个？

"你可以不要再把脏碗丢得到处都是吗？"（负向请求）

"用完碗后，可以放进水槽里吗？这样对保持房子整洁很有帮助。"（正向请求）

说出不想要什么，别人只会知道你不要什么，却仍然需要揣测你想要什么，因此你也不太容易得偿所愿。用正向请求可以让你非常清楚地表明自己想要什么。

与练习伙伴一起使用下面的范例开始练习，试着把负向请求转变成正向请求。然后找一个真实生活中你讨厌的事作为提请求的事例，让练习伙伴帮助你弄清楚你真正希望发生什么。（例如，"我希望楼上邻居不要再在三更半夜制造噪音"可以改成"我打算让邻居告诉我，他们如何理解'请在晚上11点至早上8点保持安静'"。）在两人都练习过之后，一起反思怎么做最有助于你们提出正向的请求。把这项技巧应用到日常生活中，注意自己提出的请求是不是负面的，并试着将其改为正面请求。

范例

练习伙伴："我希望他不要再把衣服放得到处都是。"

　　你："所以你希望他每晚睡觉前把衣服收起来？"

　　练习伙伴的请求范例："当你在家把衣服脱掉时，能不能把它们放进脏衣篮，或是挂进衣柜里？"

　　——或——

　　你："你希望他把脏衣服放进洗衣篮吗？"

　　练习伙伴的请求范例："你能不能把衣服从地上捡起来，放进洗衣篮或是挂进衣柜里？"

练习伙伴："她不应该老是盯着错误不放。"

　　你："听上去你是希望她注意积极面吗？"

　　练习伙伴的请求范例："能不能告诉我两件今天让你开心的事情？"

　　——或——

　　你："你希望她用你更容易听进去的方式说明她哪里不满意吗？"

练习伙伴的请求范例："当你告诉我你对事情不满意时，可以具体说说不喜欢哪句话、哪种行为吗？"

练习伙伴："他开会不能再迟到了。"

你："你希望他按时参加会议吗？"

练习伙伴的请求范例："能不能告诉我，你怎么样可以在会议预定开始的时间到场？"

——或——

你："你是不是想找些方法，让自己确定他在会议开始时到场？"

练习伙伴的请求范例："我或其他人能做什么事情，有助于你在会议开始时与团队其他成员在一起？"

——或——

你："你希望他答应准时参会吗？"

练习伙伴的请求范例："能不能告诉我，下次会议你打算什么时候到？"

技巧14：以行动语言提出请求

以"行动语言"提出的请求是可行的、具体的、可以观察到的行为。相关各方也可以很容易看出请求有没有被实施。在伴侣关系中，

若一方对另一方说："你要让我看到你爱我！"就不是一个以行动语言
提出的请求。要让请求可行、明确，先开口的一方可以改成："早上
出门上班前，你是否愿意先跟我一起喝杯咖啡？"这是以行动语言提
出的请求。跟刚刚"让我看到你爱我"的请求不同之处在于，第二种
说法可测量或能观察到结果。另一方要么就是一起喝咖啡，要么就是
不喝。

　　一旦你开始考虑以行动语言提出请求，就会发现其他人更能理解
你的意思，也可以更准确地回应你的愿望。下表列出的例子是把模
糊的请求改成行动语言的请求。你比较想听到哪一种？以后会用哪
一种？

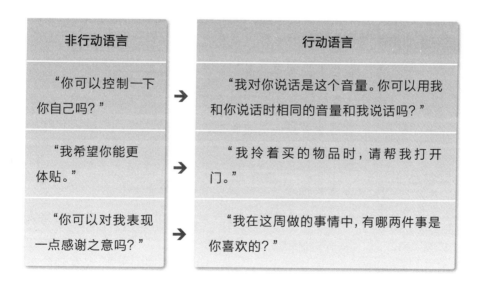

非行动语言	行动语言
"你可以控制一下你自己吗？"	"我对你说话是这个音量。你可以用我和你说话时相同的音量和我说话吗？"
"我希望你能更体贴。"	"我拎着买的物品时，请帮我打开门。"
"你可以对我表现一点感谢之意吗？"	"我在这周做的事情中，有哪两件事是你喜欢的？"

请注意左栏的句子多么空洞，很难让人知道什么时候、怎样才能满足这些请求。左栏的句子听起来也很像批评，可能会损害与对方的联结。这也是我们要尽可能提出明确的请求、明确地指出你希望如何满足需要的原因。如果你是被请求的一方，面对模糊不清、不明确又不可行的请求时，你可以猜猜明确的请求可能会是什么，或干脆多问一点信息，帮助对方提出明确的请求。

你与练习伙伴可以使用下面的范例进行练习，可能的话，也可以用自己真实生活中的案例。你也可以全天持续地检查自己提出的请求以及别人对你的请求，看看使用的是不是行动语言。

范例

练习伙伴："我希望他让我看到他爱我。"

你："他做些什么可以满足你对爱的需要？"

练习伙伴的请求范例："你回家之后，愿意坐在沙发上，跟我说说你这一天过得怎么样吗？"

——或——

你："你想要他怎样表现给你看他爱你？"

练习伙伴的请求范例："每天早上出门上班前，能不能跟我吻别，拥抱我一下？"

练习伙伴："她不应该老是盯着错误不放。"

你："你希望她认可一件当天进展顺利的事情吗？"

练习伙伴的请求范例："你愿意告诉我一件今天令你开心的事吗？"

——或——

你："你希望她先说当天很顺利的事情，然后再说不顺利的事情吗？"

练习伙伴的请求范例："你愿意先告诉我一件今天很顺利的事情，然后再说今天你不喜欢的事情吗？"

练习伙伴："我希望他们感激我所做的工作。"

你："所以你是要加薪，还是希望别人认同你的成就？"

练习伙伴的请求范例："能不能从下一轮发薪期开始，给我加薪7%？"

——或——

你："你这里的感激指的是有人定期跟你说，你所做的贡献很难得，是吗？"

练习伙伴对同事的请求范例："你喜欢我对刚完成的项目所做的贡献吗？"

对自己提出请求

如果你可以用行动语言，提出当下、正向的请求，结果一定会让你很喜欢，尤其是对自己提请求的时候更是如此！一个人的内外一致从与自己的约定开始，但如果你对自己提出的是模糊的、不切实际的、充满自我评判的请求，就很难做到。

例如，如果詹姆斯对自己说："我希望科瑞把我逼急了的时候，我不会像我父亲一样'丧失理智'。"这种请求注定失败，最后很可能还会让他对自己大失所望。想象他以正向请求表达自己的意图："每当科瑞的所作所为让我感到生气或害怕时，我希望我能保持冷静，以正常的音量说话。"

理想状态下，詹姆斯与自己达成约定。例如，经常了解自己的状态和支持自己。任何时候"爽约"了，他都重下决心来实现目标。例如，詹姆斯可以采取一系列明确的行动，比如：

- "下周我要记录下来所有跟孩子们的互动；七天后，我要看看如何改善与他们互动的模式。"
- "我要写感恩日志，就像写给科瑞的纸条一样。这周每天至少要花十五分钟做这件事。"

- "我要号召萨莉一起每天练习询问对方当下的状态和自我联结。"

- "我要做喜欢的事情，庆祝自己一点一点地进步，比如一趟骑行或带全家人去吃比萨。"

以上都是当下、正向、以行动语言表达的计划。不管詹姆斯会不会列出以上这份清单，看到自己的意图被"分解"成如此简单、可行的任务并支持他完成原本可能十分艰巨的转变，也许会让他感到拨云见日。詹姆斯可以很轻松地检查自己是否做到了每个请求；如果没有，他和萨莉做查看当下状态的练习时，可以思考他满足了什么需要。

不论是对自己还是对他人提请求，都可以用下面三个问题来帮助自己：

- "我在问未来的行为吗？如果是的话，我清楚是在请求当下的意愿吗？"（确认请求是否是当下的）

- "我问的是我想要的吗？如果不是，要怎么把这个请求变成想要的，而非不想要的？"（确认请求是否是正向的）

- "我如何知道这个请求做到了？"（检查请求是否以行动语言提出）

＊＊＊＊＊＊

詹姆斯回想自己的感受与需要，看看是否会有请求冒出。他回顾自己对于尊重、合作，对于科瑞情况的了解等需要，发现自己还对儿子的状况抱有希望，想确信儿子会好起来的。

"第一步可能是要去问科瑞，最近在学校发生了什么事，这样我可以更了解他。我也想知道为什么他今天下午没去参加体育训练。"詹姆斯停下来回想，总结了一下。了解这两件事，现在对他而言很重要。

"如果我更了解他最近的状况，或许就能让他做一些改变来帮助他。要他做什么，会让我觉得有希望、安心？嗯，我希望他能不再逃避问题，不要再一副青春期目中无人、吊儿郎当的德行！"詹姆斯情不自禁地笑了，意识到自己的请求根本不可行，只表达了他不想要什么，而没有说明他想要什么。就算如此，他仍然觉得这算是好的开始。

"我到底希望科瑞做什么？嗯，我希望他在分数彻底垫底之前能寻求帮助。所以……我想要他在事情不可挽回之前，找萨莉和我聊聊。我知道这是我想要的，但在今天发生过这些事情以后，我还是得看看对他而言这样做是否合理。"

詹姆斯更担心的是自己是否重复了父亲那些无济于事的行为习惯，也怕自己没法和儿子产生联结。是，他是想要得到尊重，但归根结底还是希望科瑞能看到他想为科瑞的幸福做贡献。

"要想出一个包含这些方面的明确的请求,有点困难。我要问问萨莉,就如何回应科瑞那些让我倍感沮丧的事情,我们俩能否达成共识。与此同时,我对自己的请求是,在对科瑞的行为发火前,先深呼吸三次。深呼吸之后,再用平稳的语气回应他。不管科瑞说什么,就算他用沉默表达抗议,我也要深呼吸。希望今晚睡觉前,我和萨莉回顾一天时,我知道自己全天都保持了冷静的头脑并且没有提高嗓门。"

理清了要提出什么请求和下一步该怎么做,詹姆斯顿时觉得当下已经圆满,接下来就看今晚的表现了。

PRACTICE 暂停下来做练习

回想最近你对自己或别人提出的请求。这个请求是当下的、正向的、以行动语言表达的吗?如果不是,如何把请求改成这样的。

技巧15:确认对方收到信息

有时候你会想知道,自己传递的信息与对方接收的是否相同。常见的沟通陷阱是,我们总是假定自己已经理解对方或者对方理解了自己,而没有确认是否真的如此。很多冲突因此而产生,这十分让人惋惜,因为询问对方与自己的理解是否一致,其实是非常容易做到的。

　　如果对话的焦点是自己，请求会是这样"你是否能告诉我，你听到我说了什么？"对方回应他听到了什么（或解读他听到了什么），让你有机会确认他是否听到了你想讲的。

　　如果对话的焦点是对方，你可以提出类似的请求，确保你听到的就是他希望你听到的。你可以试着说："你是否愿意暂停一下，让我和你确认一下我听到的是不是你的本意？"如果对方说好，你可以用自己的语言或对方的原话，复述自己理解的对方究竟想表达什么。然后，对方可以纠正或进一步把他的观点表达得更清楚。

　　你可以在日常生活中练习这项技巧。当对方问"你懂我在说什么吗"之类的问题时，对方预期的回应可能是"懂"或"不懂"，但这两个答案都不是很让人满意。因为即使你说"我懂"，并没有告诉对方你究竟懂了什么；你自以为懂了的东西，其实可能与对方希望你理解的东西差了十万八千里。如果对方想要确认他有没有完整地传递给你他的本意，你的回应可以像这样："嗯，让我确认一下我明白了。我听到你说……（总结你听到的内容）。是吗？"反过来，如果你确认对方听懂了你的意思，也只需要问："能不能告诉我，你听到我说了什么？"

技巧16：测试联结的品质

　　除了确定别人理解你的本意之外，你可能还想确认自己与对方联结的品质。你可以用感受来"衡量"对方与你和你说的话，有多少联结。感受虽然只是一个简单的词汇，但蕴含了丰富的信息。愉悦的感受通常表示有联结，不愉悦的、痛苦的感受通常表示缺乏联结。

大部分时候，当你关注自己的体验时，可以提出一个请求来测试联结的品质。在你说完某事时，只要在结尾再多加一句："听到我这样说，你有什么感受？"

你也可以更改上述这项请求，不问对方的感受。例如，你可以问"……对你来说怎么样"或是"你对……的反应是什么"，甚至"你对我刚刚所说的内容有什么想法"。这是评估对方到底有多理解你的另一种方法。对方的回答会提供给你线索，让你知道他的反应。

你还可以让对方知道你对他所说的话有多少共鸣。你或许可以说："当我听到……，我觉得疑惑"或是"听到你说……，我很高兴"。你还可以加上一些细节来说明原因，并问对方听到你的话后有什么感受。也就是说，确认联结品质的请求可以不断重复、来回确认。

测试联结品质的请求，可以广泛用在各种对话中。例如，在采取某种具体行动的对话中，你可以问："向你爸借钱修理屋顶的这个主意，你觉得怎么样？"评估对某种具体行动的看法有助于衡量你与对方的联结程度。如果发现彼此对于下一步要采取什么行动老是想法不一致，可能会让人倍感折磨。

你想必已经注意到，"测试联结品质"的请求与"确认接收信息"的请求非常相似，都符合有效请求的基本条件（当下、正向、以行动语言表达）：你在问当下对方如何理解你的意思或有什么感受，问对方要什么而非不要什么，也用行动语言表达你的请求。这两种联结性请求是明确和可行的，让你可以合理地知道请求是否被执行了。

技巧17：提出解决方案的请求

解决方案的请求是可以满足需要的行动。你可以对自己或别人提出这种请求，这关乎你希望在现实世界中看到什么事情发生。你想要的东西或行为会对你的幸福做出贡献。以下是解决方案的请求范例：

- 你介意把蛋卷递给我吗？

- 我搬到妈妈家来照顾她，这样如何？

- 能不能告诉我为什么你要戴上耳机？

- 如果我和你一起去参加家长会，会有帮助吗？

- 我们下周一下午三点在办公室开会好吗？

你可能已经注意到，在练习本书中列出的所有技巧时，你和练习伙伴都是以提出请求的方式进行。当你帮助他人理清观察、感受、需要、请求时，基本上就是在提出一连串的请求。在你不断地与练习伙伴练习技巧的过程中，不妨在每次进行练习总结时，讨论一下什么样的请求可以促进联结。问问练习伙伴，对你提出的这种或那种请求有什么感受。你越是经常性地提出请求，并且通过伙伴反馈给你什么能与什么不能让对方产生联结，那么你就越是能够学会通过提请求与他人建立联结。

用某种方式记录自己的练习体验，例如，记下特别有效的请求，包括你对别人的请求以及别人对你的请求。你在练习时须谨记，重点不是"做到完美"，而是练习提出上百次请求，让自己有许多范例可以参考、学习。

PRACTICE **暂停下来做练习**

最近，别人对你提出的最具联结性的请求是什么？对方向你提出请求的方式，你喜欢的地方是什么？如果这个请求是以别的方式表达，你认为自己会怎么回应？

* * * * * *

詹姆斯和萨莉一起在沙发上蜷着身子，对于一天的事情能进行得这么顺利，觉得很惊讶。

"你、格里、佩格竟然达成协议了，真让我难以置信。"

"我也这么觉得。尤其是格里答应尝试一段时间，让我觉得很有希望。"萨莉对老公笑着说，"你跟科瑞的升学指导老师今天竟然谈得这么顺利，也让我难以置信。我很感谢你为了跟老师会面而改了一下行程。"

"我不去跟老师会面，就会继续冲儿子吼叫。"詹姆斯叹气，"但我再也不想这么做了。"詹姆斯告诉萨莉他在怕什么，他担心自己对待科瑞的方式和父亲对待自己的方式一样。

萨莉静静地坐着，消化詹姆斯说的话，"听起来，换种方式对待科瑞，对你而言非常重要。"

詹姆斯坐直身体，"没错，我很害怕我们会失去他。想到以前父亲说的话、做的事，也让我觉得非常痛苦。科瑞现在是高中生，我记得我上高中的时候，开始变得非常叛逆。我不希望让他跟我们更疏远。"

"那么，你想怎么跟他互动？"

詹姆斯停顿了一下，"我想珍惜跟他在一起的时间。你知道，他可能不会再在家里住太久。所以当我冲他大发脾气时，才会感觉这么差。老实说，其实我想吓唬他去做我想要他做的事，但这只会让他更疏远。所以，除了自动化反应，我更想对他的状态保持好奇。反正，你知道，搞清楚究竟是什么让他成绩突然一落千丈，才是我真正想做的。对，没错，我想带着好奇和愉悦，与他建立联结。"

萨莉点头，"我喜欢这样。我看得出来你之前可能也会好奇，但你没有从好奇出发，反而被害怕失去他的情绪左右，你的反应也出自恐惧。有什么东西能帮助你下次记住这个教训？"

"如果每次跟他互动的时候，我都能记住自己的初心，那就再好不过。"詹姆斯用手指敲着太阳穴，"这样印象会比较深刻，而且下次我又大发雷霆的时候，也有可能记得。或许我可以写个纸条放在哪里提醒自己。"

"把'好奇'这个词写在浴室的镜子上如何？这样我也看得到。如果我总是能以愉悦、好奇和科瑞、玛吉建立联结，我会非常高兴。"

萨莉低头盯着自己的腿看了一会儿，然后又抬头看詹姆斯，"你知道，当我注意到你对科瑞又回到以前的状态时，我就在想，有没有方法能更直接地帮助你？如果下次我听到你又提高嗓门，或是当我认为你的行为不是出于愉悦和好奇时，我就让你知道，好不好？我做什么能帮助你？"

詹姆斯皱起眉头，"我也不知道。如果我已经故态复萌、重蹈覆辙，就太迟了。但也许……如果你打断我，问我问题……不然你就说：'你现在是谁？'这样或许能让我惊醒，并发现自己当下的行为和从前的父亲一样。"

"好，我们试试吧！"萨莉用力握住詹姆斯的手，"下次我发现你又是老样子，我就问你：'你现在是谁？'但你要保证不冲我开炮，可以吗？"

詹姆斯笑了，"我尽量。"

通过约定唤醒觉察

詹姆斯与萨莉达成约定，当他用自己不乐见的方式反应时，萨莉帮助他更迅速地进入有觉察的状态。他为什么不自己想办法解决呢？为什么他不能进一步觉察自己接下来会做什么，并且避免自己进入自动化反应状态呢？

如果事情有这么简单就好了。觉察是难以捉摸的。回想一下我们表达觉察的语言，看看这种语言反映出来的状态，其实你就会发现，人类在觉察的过程中可以做到的事情少之又少。

"我刚刚才发现……"

"这个洞察让我如梦初醒……"

"我突然灵光乍现，领悟到……"

"我好像受到当头棒喝……"

你要么有觉察，要么没有，也很容易在这两种状态间游走。有时候我们会说，觉察"浮现"出来；另外，如果你觉得自己"越来越"有觉察，可能是因为让你"顿悟"的觉察时刻更为经常地出现，并持续得更久。但是觉察无法保证什么。你可以在当下觉察到过去没有觉察到的事情，但无法对自己或其他人保证（尽管你很想保证！）在未来的任何时刻都能保持这种觉察。

觉察就是"在注意",而且是一种特定形式的注意。在有觉察的时刻,或者说在"如梦初醒"的时刻,你会有双重感知。意思是说,你发现你可以运用自己的感官,注意外面世界发生的事情,同时也可以观测自己内在的生理、心智和情绪状态。

"调解人生"的方法,本意是帮助你有觉察地认识自己。例如,你可能与朋友进行了一次看似肤浅、无关紧要的对话,但让你觉得不自在。后来,你发现自己忽略了某个重要提示,没有以自己想要的方式回应朋友。这是事后产生的觉察,但仍然相当有用,让你可以据此调整之后回应朋友的方式。

我们在培训中常常提到,要"从平底雪橇上下来"有多么困难:当激烈的情绪奔涌而出,要减缓自己在具有破坏性、愤怒、甚至暴力的道路上俯冲,感觉是不可能的。除非詹姆斯能够自我联结、重拾觉察,不然他就会随着"平底雪橇",跟科瑞一起翻滚到山脚。

以詹姆斯的例子而言,他在事后觉察到了自己正在重复父亲示范的惯性冲突模式。如果詹姆斯在雪坡顶上就能够重拾觉察,而不是在平底雪橇一路向下狂飙的过程中,事情会怎么样?他和科瑞的对话会完全不同。

但是我们要再次提醒,觉察没有所谓的"第一步"。因为觉察,尤其是处在冲突中的觉察,不是一件可以"做"的事情。幸好,经过练习和不断反复练习，我们可以培养自己注意到被刺激出某种反应的能力。（我们保证可以做到！）这样的练习将让你一窥神秘难解的觉察，知晓自己心里的状态。

请求他人支持，帮助自己重拾觉察，避免毁灭性的惯性冲突模式，也是练习的一部分。与他人达成约定，帮助你成为心目中的自己。和他人制订约定，帮助自己创造想要的东西（而不是避免不想要的）。记住，你是在向别人提出请求。

詹姆斯和萨莉达成了高度具体的约定，如果詹姆斯的惯性冲突模式又被触发时，萨莉很清楚要对他说什么。请和你的支持伙伴达成类似的约定，讲明他到底可以说什么或做什么来协助你。这样当他说出来的时候，可以减少你产生不乐见的反应的可能性，也让这道"觉察密码"可以成功提示你，将你带回自己明确的目的上。

PRACTICE　**暂停下来做练习**

你可以跟谁达成协议，来帮助你意识到某个想改变的习惯？

以下是本书案例家庭的最后一段故事。在这段故事中，你会看到詹姆斯按照和萨莉之前约定的那样，采取了不同的行为来对待科瑞。这段对话参照了许多本章节与先前章节讨论的技巧与诀窍。如果你想要更多地了解如何整合四要素并将其应用在对话中，请见附录D。

* * * * * *

科瑞从垃圾桶中使劲儿拉出塑料袋，没注意到袋子已经被垃圾桶盖的转轴勾破了。他把袋子甩到肩上，还没走到车库，他妈妈就发出警告："科瑞！小心袋子！垃圾掉得到处都是！"

一分钟后，科瑞蹲在地上，暴躁地清理不小心撒出来的垃圾。厨房地板上到处是臭烘烘又湿答答的垃圾。

"嘿，小科，我没看到你在这里。"詹姆斯踱进厨房，试着摆出一副轻松的样子，"呃，你今晚有什么作业？"

科瑞嘟哝了一声，但詹姆斯没听见，所以他又问了一次。

这次，科瑞捧起一把咖啡渣，甩进水槽里，"你们没听过堆肥这种东西吗？"

詹姆斯挑起一边眉毛，"不要用这种语气讲话。我问的是很简单的问题。"

科瑞看起来已经准备大吵一架，"我告诉你，功课我已经做完了，不用你每分每秒地盯着我。"

詹姆斯嗤之以鼻，"看看你的成绩，好像不是这么回事。"

萨莉温和地叫了一声詹姆斯，小声平缓地问出他们约定好的问题："你现在是谁？"

詹姆斯急促地吐了一口气，觉得自己恢复了觉察。他照着先前练习过的，深吸了一口气，接着又一次，然后刻意长长地呼气。突然间，他感受到压力蔓延全身，注意到心脏在胸膛里急速跳动。花了一点儿时间探索这些感受后，他把注意力放在胃部的紧缩感上，想象火山喷发却被困在一个中空的大铁球里。他努力给自己的感受命名，第一个想到的词是"愤怒"，然后发现在愤怒之下，还有恐惧与绝望。

詹姆斯觉得给自己的感受命名已经减轻了心里的压力，一瞬间产生了洞察。与其争论自己和儿子谁对谁错，他更愿意与儿子建立联结；他也想到自己对科瑞如此愤怒，是由于自己小时候无法与父亲建立想要的联结，那种固有的模式导致了他现在的反应。

脑海中这些念头，让詹姆斯冷静、放松下来。他体会着自己内心的状态，开始猜想为什么科瑞会这样回应他的问题。

詹姆斯有一种冲动，想告诉科瑞自己与父亲的关系如何导致现在愤怒的情绪。但仔细考虑后，又担心说太多"关系这类东西"会让科瑞更疏远自己。

因此詹姆斯刻意决定，把重点放在科瑞和他当下可能有的情绪上，并根据自己对青少年时期的记忆，先猜猜看原因是什么。

"科瑞……"

科瑞站起来，"干吗？"

詹姆斯这才注意到科瑞现在几乎和他一样高了。(而且他还没穿鞋!)他隐藏起自己惊讶的情绪,"我猜,你很希望知道我和你妈是信任你的,是吗?"

科瑞翻了个白眼,"喂喂,我又不是三岁小孩。"虽然科瑞的口吻和用词让詹姆斯觉得恼火,但他仍继续关注呼吸,关注想要与儿子建立联结的愿望上。他决定先不说话,让科瑞可以想说什么就说什么。

在一阵尴尬的沉默后,詹姆斯的耐心有了回报。科瑞再度开口:"我希望你们可以放松一点。我的意思是,你们对自己的高中时代到底真的记得多少?让我好过一点,不行吗?"

詹姆斯记得再次深呼吸,全身心地和科瑞在一起,努力消化科瑞的话,不去试图诠释其中可能的意义。他按照萨莉"调解人生"培训时教过的,聆听他说话的"字里行间"。

詹姆斯从全身心和科瑞在一起,进入到准备静默同理的阶段。他在心中再次猜想,不知道科瑞的脾气因何引起,他到底想要什么。他心想:"不知道科瑞是不是以为我企图控制他。不是这样的,我是关心他。"詹姆斯猜,科瑞心有不满,还可能觉得受伤,因为他希望被当成负责任、有能力的人。

詹姆斯根据自己对科瑞刚才话语的理解回应:"没错,你不是三岁小孩了,想要别人把你当成十五岁的人,也希望我和你妈意识到,在你的高中生活中，有些事情是我们不了解的。"

"对啦，最好这样啦。"科瑞说，语气中满满的都是讽刺。

詹姆斯从科瑞的回应中得知，科瑞仍不相信有人把他的话听进去了。因此，詹姆斯继续同理倾听，试着与儿子建立联结，"听起来，我们对待你的方式，在你看来就是过时的电脑程序。你想说的是，程序必须升级才能符合当下的现实。"（詹姆斯希望这种说法能让科瑞有共鸣。只要是跟电脑有关的东西，科瑞都无法抗拒。）

"'升级'？算是吧，但我希望你现在不要对我的期中考试成绩单说什么难听的话……"

尽管不情愿，詹姆斯还是笑了，"没有，没有，我不会，真的。我只是想找出潜在的需要。听起来你真的很希望别人能尊重你，尊重你对自己负责任、管理自己生活的能力，对吗？"

科瑞回应时，肩膀放松了一点儿，"对，对，爸爸，我可以的。我能处理这些事情，所以也别什么事都批评我了。"

詹姆斯本来问的是今天有什么作业，结果儿子说"什么事都批评他"，让他觉得怒火慢慢升起。但他暂时搁置这个想法，选择对科瑞的观点保持好奇，"所以，关于学习，你想要有更多自由和空间？"

科瑞这才直视着詹姆斯的眼睛，点头说道："就是这样。"

詹姆斯希望科瑞的肯定性回答能表明他现在觉得有人听到他的意

思了。詹姆斯决定测试一下科瑞是否已经充分表达了他自己的意思，可以听得进父亲的观点了。

"我理解要争取这种自由会让人有多沮丧，我也听到你说希望我们信任你、让你自己做决定。我也想要'程序升级'。如果能让我知道，你已经理解自己做决定的后果是什么，对我会很有帮助。你能不能告诉我，刚刚你听到我说了什么？"

科瑞回答得很快，而且这次不带讽刺，"你想要知道我已经想清楚了。我确实已经想清楚了。我知道成绩一直这样不是办法，所以洛文老师和我一起做了个计划。"

詹姆斯听到这里，觉得如释重负，四肢、甚至肺部都突然觉得一阵轻松。他隐约知道自己和科瑞已经开始听到对方的声音了。

詹姆斯仍然想问科瑞的成绩和他学校生活的事情，因此他说："就算我'程序升级'了，没有谐音梗的意思啊，我还是想知道你现在的情况，问问你学校里的事情。我不知道我怎么做才让你觉得可以。你有什么提议吗？"

科瑞皱眉，"我根本不希望有人问。"

"是因为隐私吗？……"詹姆斯试着找出科瑞说这种话的原因。

科瑞说："不是！我只是……这样说吧，如果你问，就代表你不信任我。"

听到科瑞的回答，詹姆斯更觉得松了一口气，因为科瑞的答案能帮助他知道发生了什么事。"哦，好吧，所以和隐私无关，而是和尊重你的自主权和信任你的决定更相关，是吗？"

"对，我想应该吧。"科瑞耸耸肩。

"好吧。如果完全不闻不问你的事情，对我而言也不可以，因为我爱你，而爱你的一部分就是想和你的事情联结。这才是我发问的初衷，而不是因为不信任你。我们能不能约定，当你觉得我提的问题可能是因为我不信任你时，你可以反问我？"

科瑞考虑了一会儿，然后问："比方说，我可以反问'你为什么想知道？'"

詹姆斯觉得，如果科瑞秉持着好奇心以外的态度问这个问题，他可能会发火。但詹姆斯认为，让科瑞决定怎么问是很重要的。"当然可以，我们就这样试试看。那，当我看到你做了某个决定，想知道你是否有深思熟虑时，能不能直接问你：'你知道有什么后果吗？'"

"好啊，可以。"

当天稍晚的时候，詹姆斯与萨莉回顾自己与科瑞的对话。对于父子俩在沟通上能表现得这么好，萨莉大喜过望，但詹姆斯仍觉得有很多事情要做。"发现他的高中生活可能很孤单，我觉得很难过。他基本的意思就是，我们读高中的年代离现在太久远了，不可能了解他的高中生活，所以我们有代沟……而且我们仍然不知道他在学校里究竟发生了什么事。但至少我感到今晚确实有点突破。我可以尝试继续让科瑞看到，我说的话是出于关心，想要支持他，而不是评判他无法自己管理生活，应该就还有希望。"

NEXT

现在你已经有工具和技巧，把观察、感受、需要和请求有机地结合到你日常的对话中去。在下面的章节中，我们将总结并且提醒你一些关于意图和练习等方面的诀窍。

总 结

现实就是，即使你不再相信，它仍然还在。

——菲利浦·K.迪克（Philip K. Dick）

恭喜！通过阅读和练习本书的内容，你已经迈出关键的一步，更接近自己想过的生活。

虽然这本书只是"调解人生"系列的基础，但练习和利用从中学到的技巧，可以让你成为自己人生的主宰。用好观察、感受、需要、请求四个要素，有助于在所发生的事件与你对事件的反应之中创造空间，让你有选择的余地。第二章开头引用维克多·弗兰克尔的话："在刺激和反应之间，有一片空间，让我们有选择回应的余地。在回应中，我们成长，得到自由。"本书提供工具，让你有能力在这片"弗兰克尔空间"活动，选择要如何回应和行动。当你在日常生活中实践这些工具时，尤其在极具挑战性的时刻被刺激出"战斗—逃跑—僵住"

的自动化反应时，希望你能更有力量选择和平。

我们的初衷是希望你能将本书的内容融为生活的一部分，进而产生具体、明显的改变。如果一边阅读，一边积极练习本书内容的话，我们鼓励你花点儿时间，注意自身经历的变化，与练习伙伴一起庆祝自己的成就。当你越来越能够察觉并庆祝自己跨出的每一小步，能以不同的方式回应棘手的局面，哪怕是微乎其微的进展，也越来越能够巩固持续成长、改变的基础。谨记，当你被惹火要进入习惯的反应方式时，你是有选择的；在那些通常会让紧张局面升级的情况下，你可以把和平抛诸脑后、与对方全面开战，也可以选择不进入自动化的反应，暂时冷静一下。这些步骤现在或许还不能帮助你达到目的，但采取、践行这些步骤，可以让你更靠近自己的目标。

如果你读完本书，但还没有开始实践书中技巧、将相关思维融入生活中，仍然恭喜你把书看完。如果读完这些章节会让你希望进一步掌控自己的生活，我们鼓励你回头再读一遍，并开始付诸实践。善用"暂停下来做练习"，深入探索每个概念，找人跟你一起练习相关技巧。如果找不到练习伙伴，可以通过"NVC学习中心"得到帮助。

除了练习伙伴，你可能还想找个监督伙伴，每日或每周定期打卡，分享你的练习承诺，查看彼此的状态，了解自己如何度过生命。找个监督伙伴告诉你接下来做什么，让他下次查看你有没有照做，绝对不敷衍马虎。对多数人而言，自律是极其困难的，因此这种方式不仅是巨大的支持，还有助于转化指责、羞愧的情绪。如果忘了练习，你和伙伴可以把这一点转化为练习的契机；尽管没有信守承诺或约定的人是自己，也可以借此机会学着用新方式回应这种情形。使用观察、感受、需要和请求与自己重新联结，并在自己或练习伙伴没有达成约定时，帮助自己或对方。不论是练习伙伴还是监督伙伴，你都可以拿你们之间发生的所有事情作为练习的机会，提升应对冲突与联结断裂的技巧与能力。

我们也欢迎你，阅读本书，练习技巧，将技巧融入生活，成为一个大家庭的成员。这个遍布全球的大家庭中的每一位成员，都和你一样，想成为自己生命的作者，希望更有力量地选择自己的行为，有能力活出他们对待自己和他人的核心原则与价值。尽管我们还是要各自努力，但只有互相支持，才能达到个人最高的成就。不论你个人是否与这个大家庭有所联结，都是这个大家庭的一分子。如果你在改变的过程中，想要有人陪伴，请使用网站上的资源，找到自己在这个家庭中的位置。

让我们携手合作，为彼此、为我们的孩子，创造一个理想的世界。

约翰写在后面的话：
在沟通技巧之外

花点儿时间去了解，不要急着做什么，处在那里。

——马歇尔·卢森堡（Marshall Rosenberg）

我接下来要说的内容，你乍一听也许会十分吃惊。虽然我和艾克·拉萨特花了十多年的时间，详细地完善了"调解人生"这套方法，但我希望你永远不需要记住、刻意地应用书中内容。

听起来像胡言乱语，对吧？请允许我解释。我希望本书前面章节列出的区分方法与技巧，能完全成为你自身的一部分，就像呼吸一样自然。

我希望有一天，你会发现，你能不假思索地说话和行动，与自己和身边的人建立更深入的联结。

我和我的导师马歇尔·卢森堡都相信，我们共享的这颗星球是否有未来，取决于我们是否有能力把冲突转化为成长与联结的机会。

　　有马歇尔·卢森堡的存在，才有了"调解人生"培训课程。我和艾克一起教授的内容，绝大部分都基于马歇尔创立的非暴力沟通（简称NVC），他为此投入了四十年的心血。我有幸跟随马歇尔学习多年，他的身体力行启发了我，成为我现在对于自己所作所为的认知基石。因此，在本书最后，我想以个人推广这项工作的心路历程，和你分享马歇尔传授给我的东西，包括非暴力沟通的技能、四要素的区分，以及它们的力量来源。

　　1998年，我在美国北加利福尼亚州的一次专业调解会议上认识了马歇尔。我当时刚结束宾夕法尼亚州立大学的临床心理学研究所课程，打算从事调解工作。我花费多年时间研究内心冲突与心理健康的关系，急于将自身所学应用到人与人的冲突中。然而，我无法与任何一套标准调解方法产生共鸣。它们都有所不足，但我不知道到底缺少了什么。

不过，我对此还是有所见地的。还在上学时，我就非常仰慕且热爱美国人本心理学家卡尔·罗杰斯（Carl Rogers）的成就，他是在疗愈人际关系中应用同理倾听、真诚、无条件积极关注的先驱。甘地（Gandhi）以及他发扬光大的非暴力哲学，也给我很深刻的启发。在我看来，甘地运用的原则与罗杰斯是类似的，只是甘地把这些原则用在驱动社会改变的层面上。

不过，每个人都与神秘难解的生命有所联结，离不开那股开启万物源头、赋予万物生机的力量。这种概念和体验深深地吸引了我，远胜于其他事。观察大自然、进入朝圣之地，甚至只是看着人们走在街头、坐公交车，我都会感受到深刻的联结。我渴望自己在世上的所作所为能联结到那神秘的源头，给世界带来积极的改变。

这时候，马歇尔出现了。他是那次调解会议的主旨演讲嘉宾，还没开口就已经让我印象深刻。主办单位当时正在褒奖一位当地的调解者，感谢他对社区做出的杰出贡献。当领奖者站起来时，马歇尔起身穿过舞台，拥抱他。他走路的样子、拥抱的温暖，让我觉得这两个人一定彼此怀着深刻的关怀与敬重。尽管我以前没见过他们，但他们的互动感染了我。

轮到马歇尔上台的时候，一阵特别的寂静笼罩了观众席。随着他走上讲台，房间里似乎涌动着一股聚精会神的能量。马歇尔在写字板上画了两个人形，两人的头上各有一个箭头，指向另一人的心脏。

马歇尔接下来说的话，完美地结合了罗杰斯与甘地的成就中我最喜爱的地方，让我难以置信。（我后来才发现马歇尔曾经是罗杰斯的研究生。）马歇尔提到一种心灵的语言——生命的语言，能让人们互相联结，引发"自然地给予"。

马歇尔说，人类基本的天性就是想为他人的福祉做出贡献。当我们都还是孩子的时候，会从满足他人的需要中获得喜悦。但后来我们学会了道德评判的语言，在互动中运用这种语言模式时，同时也排挤了这种与生俱来的慷慨。道德评判，不论是以愤怒、讽刺，还是被动攻击的形式表现出来，都会导致暴力，可能是肢体上的暴力，但多数时候也可能是情感或精神上的暴力。

我认为，马歇尔是要通过非暴力沟通提供给人类一种能力，无论冲突发生在哪里，都能避免毁灭性的结果。这其中不算秘诀的秘诀，就是以慈悲和勇气面对冲突。而真正的秘诀，是要使用能够建立人际联结的语言以达成这个目的。世上有一种人人都能学会的语言，能为我们带来联结、慈悲。这是我在那天得到的启示，也是我从此之后奉行不辍、极力宣扬的理念。

在之后的几年中，我与马歇尔相处了很长的时间。马歇尔邀请我出席他为期九天的国际集中培训课程，和他一起培训学员；这种合作关系维持了十年。他和他的妻子瓦伦蒂娜（Valentina）与我的家庭关系十分亲密。从他身上，我学到了本书中阐述的那些区分技巧，但更重要的是，我学到如何保有初衷，将注意力持续放在非暴力沟通想达成的目标上。对马歇尔而言，非暴力沟通的目的就是"通过慈悲地给予和接纳创造高品质的联结，满足每个人的需要"。我可以看到马歇尔在帮助他人时如何示范这一点。他的眼神、语气和肢体语言，处处都在展示他与对方的联结。我看过其他人聆听或与他人建立联结的样子，马歇尔与他们完全不同。

看过马歇尔工作的人，大都会形容他"拥有魔力"。听起来可能有点浮夸，但我可以跟你保证，这一点也没有夸张。当他同理倾听别人、进行疗愈时，你不会看到他停下来思考怎么遣词造句，或试着区分观察与评判。当然，马歇尔在教学时会说明怎么区分，但当他同理倾听某人时，不会想着步骤或技巧——他就是有能力直接与对方内心中"鲜活"的地方建立联结。

对马歇尔而言，这种能力与想法或思考无关。有一次，我问他，当他同理倾听的时候，是否会常常思考对方口中的各种评判。他说："约翰，我为什么要注意人们想什么？数千年来，人们向来关注的都是思考，结果你看，给人类带来多少苦难和暴力。"马歇尔并不反对思考或思维本身，但他看清了如果批判性思维没有与我们内心更深层、更有智慧的东西联结会带来什么后果。他常会问那种答案已经呼之欲出的问题："我们内心鲜活的地方，难道不是最值得注意的？让生活美好的东西，难道不是最值得注意的？"

我后来才理解，马歇尔传授的非暴力沟通语言只是一种媒介。他真正想达成的目标是超越语言的，是要人们不再局限于自身有限的思维，直接与生命本身联结，也就是与超越个体的某种共通和共性的东西联结。我相信，这种联结的体验，就是生命最底层的源头，也是它让马歇尔与人们在一起时的所作所为仿佛"拥有魔力"。

有时候他也会提到，不论人们表面上如何沟通，对他来说，人们身上这种联结的能量都非常美好。有时候他会用冲浪来比喻，说他在专心倾听人们说话时，就好像是随着他们的生命能量冲浪。对马歇尔而言，能帮助建立这种联结的语言就是感受和需要，观察能满足或不能满足我们需要的是什么，然后请求满足需要的东西或行动。

人类共通的需要是非暴力沟通语言的核心。但它只是一种便于人们理解的框架，是通往不同思维模式的平台。当然，很多人还是只把非暴力沟通当成语言技巧来学习，这让马歇尔觉得很遗憾。他坚持说，重点是要搭上那股能量，让能量带着你前行，就像滑雪者被缆绳拖上山一样。联结能量，让能量做剩下的事情。

马歇尔延伸了生命能量的概念，不论人们表面上做了什么，他都能看到他们内心的美好。我觉得最具颠覆性和最让人感动的时刻就是在他谈到那些被我们赋予"敌人形象"的人时仍然要给予同理心。这些人的行为让我们觉得不胜其扰，或是有悖于我们的行为准则和道德观念。马歇尔达到的境界，是对那些曾犯下残酷罪行的人也能给予同理心。那些曾经强暴、谋杀、虐待他人的罪犯，还有一些政治领袖和独裁者，他们在幕后操纵战争与种族屠杀，造成哀鸿遍野、民不聊生。马歇尔争辩说，这些人跟我们一样，都只是尽力满足自己人性需要的人类。不幸的是，他们没有学过如何以不具毁灭性的方式满足自己的需要。如果他们知道有更好的方法，他们的选择、人类历史的轨迹，是否会有所不同？

马歇尔很感激自己不曾学过这种带着毁灭性的策略；如果学过，他也可能发展出类似的策略。在工作坊中，马歇尔会扮演"坏人"的角色——感觉好像无法让人产生同理心的那种人。他敢扮演像阿道夫·希特勒（Adolf Hitler）或是非洲武装分子这一类的角色，或者在种族宗教冲突中，表演"闯进"女人的家里，在她躲在水槽下面的时候，"杀光"她所有的家人。即使是如此大胆的角色扮演，马歇尔工作坊的学员仍然觉得自己与这类人有共通的人性，对此，他们都非常吃惊。前一刻只让人觉得恐惧、憎恶的人，忽然能让我们产生令人心痛的同理心，这是非常震撼的体验。

有人问马歇尔，他是如何做到扮演这些讨厌的角色，并触及对他们的同理心时，他说："我们都是从同样的生命能量中被创造出来的。"并进一步解释，他不仅仅是在扮演这类人，他就是这类人，我们大家也都是。我们都有相同的人类需要，都是同一股生命力通过每个人在表达它本身。

马歇尔发现，在人们断开联结时，可以借助人类共通的需要这一强有力的、有效实用的方法，来帮助人们重建联结。他发现的非暴力沟通确实可以让我们与生命联结。

尽管有马歇尔的语言模式及背后的关键区分法护身，我刚开始教授非暴力沟通的时候，仍然觉得很不自在，困难重重。尽管我在自己的生活中实践非暴力沟通原则，觉得很轻松自然，但当我向他人传达这些概念的时候，却花了很长时间才找到最佳的方法。

然后，机会降临了。2002年初，我本来要陪同马歇尔前往巴基斯坦边境，向阿富汗部落长老提供冲突化解训练。马歇尔后来决定取消行程，因为情势变得太不稳定、充满危险，美国国务院也警告人民不要前往巴基斯坦。我和艾克疯狂地决定无论如何都要去，这次经历也增进了我们的友谊，稳固了我们的工作伙伴关系。

回到美国之后，我们开始合作举办工作坊，教导人们如何用非暴力沟通和调解技巧应对反复出现的冲突与联结断裂。我们开的工作坊越多，就越觉得"三把椅子"的调解架构有助于人们学习非暴力沟通的技巧，除了正式的调解情景，也可以应用在自己的生活中。随着经验不断累积，我们的重心也随之转移。虽然我们一直持续开设课程教大家怎么调解外在的冲突，但那已经不再是我们唯一的目标了。很显然，"三把椅子"模式能有效地应对内在冲突，以及自身与他人之间的冲突；而且解决内在冲突，或许能为我们铺路，让我们更容易解决外在冲突。我们开始看出几件事情的重要性，包括应该注重冲突会在大脑深处诱发的"战斗—逃跑—僵住"反应，还有以正念为基础的理解要结合对需要的理解，才能时时留意、身临其境，并有意识地选择面对冲突的回应方式。训练中有一套很有效的模拟情景，让学员学会在调解人生中的任何一个方面时都要"坐上第三把椅子"。我们也发展了"地图"，帮助人们克服根深蒂固的惯性冲突模式，锻炼能力和韧性，在冲突中运用"调解人生"的技巧。学员在实践我们的方法后，反馈说他们现在创造的生活和人际关系，是以前可望而不可即的。

回首这趟历程，每每让我觉得饶有兴趣：1998年，我与马歇尔初次相遇；我和艾克的工作，让我现在能拥有毫无缺憾的圆满。在我与艾克发展"调解人生"课程的那些年间，我们持续受益于马歇尔的洞见。我们合作而产生的源源不断的创造力，除了因为关注冲突并把非暴力沟通与调解架构结合，还因为能以我们自己的方式融合马歇尔所揭示的深层真相与智慧，而更上一层楼。

与非暴力沟通社群和"调解人生"课程的学员工作多年之后，我可以告诉你，那些真的能让他人改头换面的调解者、导师、领导者都是能够用语言做出区分的人，也都是能进一步超越语言的人。你可以称之为灵性追求、冥想，或是其他名称。把对语言的关注放在第二位，它看重的是对他人高质量的关注，全身心地与他人处在当下。

我观察到在培训中达到精通程度的学员，他们的练习最后都会慢慢达到看似静默的状态。当他们倾听练习伙伴时，不会再想着接下来要说什么。他们会变得安定、安静，而语句会很自然地流淌出来。

这就是为什么我希望你"永远不需要"本书中读过的内容。我们提供的学习框架能让你上手，并在练习时协助你。然后，我希望这些框架会在你发现不再需要依赖它们、开始实践新觉察、以新的方式存在于这个世界上时，逐渐消失。

我与艾克越来越觉得，我们教的不只是化解冲突。我们和受训的学员都是人类进化过程的一部分，想要以新的方式做人。这种新的方式基于觉察和联结，超越（也容纳）将我们分离、异化的思维。

调解我们日常生活中的冲突，是学着与生命中联结性、创造性的能量进行联结，发展觉察的过程。本书开头《艾克写在前面的话：可怕的应激反应》中的故事就是很动人的例子，让我们看到依照这种方法行事带来的无限可能。感谢马歇尔，感谢阅读本书的你。身为人类，我们绝对可以发展求同存异的能力与技巧，一同回应我们面对的挑战，并茁壮成长！

约翰·凯恩
（John Kinyon）

附　录

附录A　我们有哪些感受

感受是身体的体验，让我们知道自己的需要是否得到了满足，也会知道自己究竟在观察、思考、渴望什么。

需要被满足的感受

平和	爱	开心	好玩	感兴趣
静谧	温暖	快乐	充满活力	投入
平静	深情	兴奋	热血沸腾	兴趣广泛
满足	温柔	充满希望	精神抖擞	专注
心神专注	欣赏	喜悦	风趣	充实
全情投入	友善	满意	神清气爽	全神贯注
开朗	敏锐	乐意	调皮	清醒
安详	善意	鼓舞人心	鲜活	被唤醒
充满爱意	感激	感恩	生机勃勃	惊奇
幸福	滋养	自信	精力充沛	关切
惬意	满腔热情	受启发	忘乎所以	好奇
放松	信任	感动	冒险	热切
松弛	开放	自豪	淘气	热情洋溢
安静	感恩	振奋	欢欣雀跃	着迷
无忧无虑	灿烂	狂喜	痴迷	被迷住了
沉着镇定	可爱	乐观	活泼	惊讶
充实	激情四射	荣耀	激情澎湃	有益

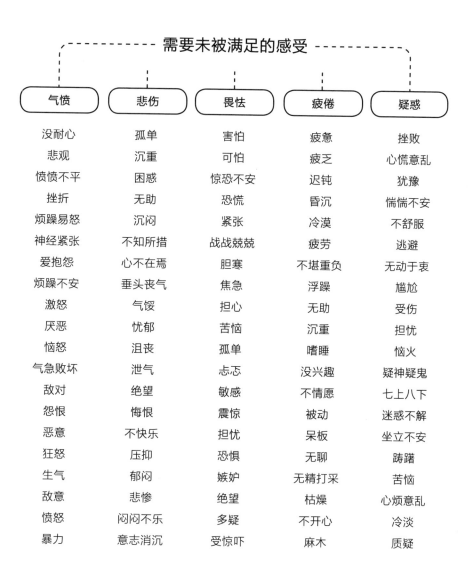

需要未被满足的感受

气愤	悲伤	畏怯	疲倦	疑惑
没耐心	孤单	害怕	疲惫	挫败
悲观	沉重	可怕	疲乏	心慌意乱
愤愤不平	困惑	惊恐不安	迟钝	犹豫
挫折	无助	恐慌	昏沉	惴惴不安
烦躁易怒	沉闷	紧张	冷漠	不舒服
神经紧张	不知所措	战战兢兢	疲劳	逃避
爱抱怨	心不在焉	胆寒	不堪重负	无动于衷
烦躁不安	垂头丧气	焦急	浮躁	尴尬
激怒	气馁	担心	无助	受伤
厌恶	忧郁	苦恼	沉重	担忧
恼怒	沮丧	孤单	嗜睡	恼火
气急败坏	泄气	忐忑	没兴趣	疑神疑鬼
敌对	绝望	敏感	不情愿	七上八下
怨恨	悔恨	震惊	被动	迷惑不解
恶意	不快乐	担忧	呆板	坐立不安
狂怒	压抑	恐惧	无聊	踌躇
生气	郁闷	嫉妒	无精打采	苦恼
敌意	悲惨	绝望	枯燥	心烦意乱
愤怒	闷闷不乐	多疑	不开心	冷淡
暴力	意志消沉	受惊吓	麻木	质疑

附录B　区分感受与拟似感受

以下的感受与需要清单，仅供参考。这个列表不是绝对的，也还有不完全的地方。列出来是为了帮助大家把不是感受的词和感受本身区分开。这些词汇暗示有人对你做了什么，而往往造成了误解或者指责。使用本清单的方法：当有人说"我觉得被拒绝了"，你就可以将它翻译为："因为你需要包容，所以感觉害怕？"

拟似感受	感受	需要
被抛弃	吓坏了、受伤、困惑、悲伤、惊恐、寂寞	滋养、联结、归属、支持、关怀
被侮辱；被虐待	生气，沮丧，害怕	关怀、滋养、支持、身心健康
不被接纳	心烦意乱、害怕、寂寞	包容、联结、成为社群的一员、归属感、贡献、伙伴间的尊重
受到抨击	害怕、生气	安全感
被轻视	生气、挫折、紧张、痛苦	尊重、自主权、被看见、承认、欣赏
被背叛	生气、受伤、失望、愤怒	信任、可靠、诚实、荣誉、承诺、清晰
被指责	生气、害怕、困惑、对立、敌对、迷惘、受伤	责任、后果、公平、正义
被霸凌	生气、害怕、压力	自主权、选择、安全、体贴

（续）

拟似感受	感受	需要
被困住／被禁锢	生气、受挫、害怕、焦虑	自主权、选择、自由
被欺骗	怨恨、受伤、生气	诚实、公平、正义、信任、可靠
被胁迫	生气、沮丧、惊恐、受挫、害怕	选择权、自主权、行动的自由、选择的自由
被逼得无路可走	生气、害怕、焦虑、受挫	自主权、自由
被批评	痛苦、害怕、焦虑、沮丧、丢脸、生气、尴尬	了解、承认、认可、责任、不带评判地交流
被贬低/被忽视	受伤、生气、尴尬、沮丧	重要感、承认、融入团队、认可、尊重
不受喜爱	悲伤、寂寞、受伤	联结、被欣赏、理解、承认、友谊、加入团队
不被信任	悲伤、沮丧	信任、诚实
被当成垃圾桶（包括情绪垃圾或其他过重的负担）	生气、害怕、有压力	尊重、体贴（如：同事把过多的工作交给你时）
被骚扰	生气、沮丧、压力、惊恐	尊重、空间、体贴、平静
被烦扰	烦心、烦闷、生气、沮丧	宁静、自主权、用自己的方法和节奏做事、冷静、空间
被忽视	寂寞、害怕、受伤、悲伤、尴尬	联结、归属感、加入团队、成为团体的一员、参与感
被侮辱	生气、尴尬	尊重、体贴、承认、认可
被打断	生气、沮丧、怨恨、受伤	尊重、被听见、体贴
受到恐吓	害怕、焦虑	安全感、平等、充满力量
被推翻	生气、受伤、怨恨	欣赏、尊重、承认、认可

（续）

拟似感受	感受	需要
透明	悲伤、生气、寂寞、害怕	被看见、被听见、融入团队、归属感、成为团体的一员
被孤立	寂寞、担心、害怕	成为团体的一员、融入团队、归属感、贡献
被遗忘	悲伤、寂寞、焦虑	包容、归属感、成为团体的一员、联结
被践踏	生气、沮丧、无法忍受	赋能、联结、成为团体的一员、被看见、体贴、平等、尊重、承认
被耍了	尴尬、生气、怨恨	内外一致、信任、诚实
不被欣赏	悲伤、生气、受伤、沮丧	欣赏、尊重、承认、体贴
不被听见	悲伤、敌对、沮丧	理解、体贴、同理心
不被爱	悲伤、迷惘、沮丧	爱、欣赏、同理心、联结、成为团体的一员
不被看见	悲伤、焦虑、沮丧	承认、欣赏、看见、听见
不被支持	悲伤、受伤、怨恨	支持、理解
没人要	悲伤、焦虑、沮丧	归属感、加入团队、关怀
被利用了	悲伤、生气、怨恨	自主、平等、被体贴、建立互惠关系
受害者	惊吓、无助	赋能、建立互惠关系、安全感、正义
被侵犯	悲伤、激动、焦虑	隐私、安全感、信任、空间、尊重
被冤枉	生气、受伤、怨恨、烦躁	尊重、正义、信任、安全感、公平

附录C　人类共通的需要或看重的价值

我们按照核心需要加以分类，包括三种主类型、九种子类型。

	身心健康	
养分／健康	**安全／保障**	**美／和平／玩耍**
充足／丰盛	舒适	接纳
运动	自信	感谢
食物／营养	情绪安全	感激
滋润	熟悉	觉察
休息／睡眠	秩序	平衡
放松	组织	自在
住所	可预测性	安定
可持续性	不受伤害的保护	幽默
支持／帮助	稳定	在场
健全	信任	精神焕发
活力	信仰	简单
能量		空间
		宁静
		圆满
		奇妙

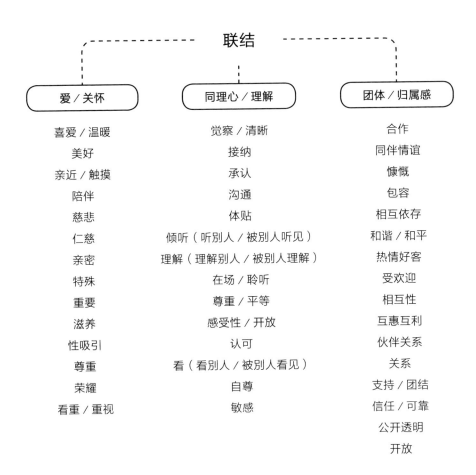

联结

爱 / 关怀	同理心 / 理解	团体 / 归属感
喜爱 / 温暖	觉察 / 清晰	合作
美好	接纳	同伴情谊
亲近 / 触摸	承认	慷慨
陪伴	沟通	包容
慈悲	体贴	相互依存
仁慈	倾听（听别人 / 被别人听见）	和谐 / 和平
亲密	理解（理解别人 / 被别人理解）	热情好客
特殊	在场 / 聆听	受欢迎
重要	尊重 / 平等	相互性
滋养	感受性 / 开放	互惠互利
性吸引	认可	伙伴关系
尊重	看（看别人 / 被别人看见）	关系
荣耀	自尊	支持 / 团结
看重 / 重视	敏感	信任 / 可靠
		公开透明
		开放

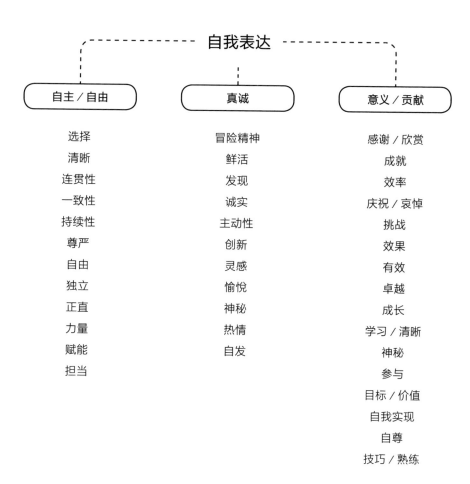

自我表达

自主／自由

选择
清晰
连贯性
一致性
持续性
尊严
自由
独立
正直
力量
赋能
担当

真诚

冒险精神
鲜活
发现
诚实
主动性
创新
灵感
愉悦
神秘
热情
自发

意义／贡献

感谢／欣赏
成就
效率
庆祝／哀悼
挑战
效果
有效
卓越
成长
学习／清晰
神秘
参与
目标／价值
自我实现
自尊
技巧／熟练

附录D 综合应用

本书第二章介绍了"OFNR语言训练轮",用一句话融合观察、感受、需要、请求四要素。附录D将从不同视角探索语言训练轮练习句,告诉你如何以较自然的方式将这个句型运用在对话中。附录E提供打印用的简易版,让你可以牢记句子的每个部分。

当你把注意力放在自己身上时,可以回想以下的句型结构:

Step1	当我看到／听到你＿＿＿＿＿＿＿（观察）
Step2	我感到＿＿＿＿＿＿＿＿＿＿＿（感受）
Step3	因为我需要＿＿＿＿＿＿＿＿＿（需要）
Step4	你是否愿意＿＿＿＿＿＿＿＿（请求）？

把注意力放在其他人的体验上时,句型也是类似的。在这种情况下,整个句子都会变成请求,因为你要让对方从他的观点告诉你事情的经过,以及你是否猜对他的观察、感受、需要。

Step1	当你＿＿＿＿＿＿＿＿（观察）
Step2	你是否感到＿＿＿＿＿＿＿（感受）
Step3	因为你需要＿＿＿＿＿＿（需要）?

以下为填空完成的范例：

"当你在我说话时开口，你是否觉得兴奋，因为你希望被听见？"

尽量多地练习以强化记忆。然后，在对话中，你可以用更口语化的方式来表达，那样听起来就不会像是在套用特定句型。也就是说，你可以调换要素的顺序、使用符合文化背景的词汇，甚至以暗示的方式表达某些要素。

以下列出几个对话类的句子，以及如何将它们转化为语言训练轮练习句。在商务对话中，你可能会说：

"我对这次交易真的不太确定，需要有人帮我好好理清思路。"

转化为语言训练轮练习句的话，句子会变成：

"当我想到这单交易时（观察），我感到不太确定（感受），因为我需要<u>帮助</u>（需要）。"

以上的句子以暗示的方法表达请求。如果明讲的话，可以如下列范例一样加在句尾：

"你愿不愿意听我讲讲我在担心什么？"

本书第六章讲请求时提到，如果你确实想从说话对象那里得到什么，最好以明示而非暗示的方式表达请求。如果以暗示的方式表达请求，可能会让对方无法确定你到底对他是否有所请求。

下面再举一个日常生活中的例子。当你想让对方知道自己发生什么事情时，可以用以下的句子：

"关于我们今年夏天去哪儿度假，我觉得很困惑。我们能不能花几分钟谈谈这件事？"

以上句子中的需要，隐含在"很困惑"的感觉中。一般而言，当我们很困惑时，就需要说明。"谈谈"的请求也以比较像对话的方式表达，也就是说，请求其实可以表达得更明确。语言训练轮练习句会把请求表达得比较明确，如以下例句：

"当我想到我们的暑假时（观察），我感到很困惑（感受），因为我需要<u>弄清楚我们的计划</u>（需要）。你是否愿意今天下午花十分钟和我说说（请求）？"

如果重点在别人身上，以下是日常生活对话可以用的例句：

"你是不是希望同事知道你花了多少心血？你是不是觉得很挫败，他竟然在会议上那样说？"

以上例句调换了顺序，以需要开头，然后是感受，最后才是观察。转换成语言训练轮练习句后，会变成这样：

"当你想到同事在会议上的发言时（观察），你是不是感到很沮丧（感受），因为你想要有人欣赏你的工作（需要），特别是从同事那里得到肯定？"

再次请你注意，问对方问题是希望从回应中确认自己对于对方情形的猜测是否正确，因此以上的例句中整句都是请求。以下同样是日常生活对话可以用的例句，关注重点是他人的情形。

"你是不是因为那通电话而觉得郁闷，因为希望能跟妈妈处得更好？"

请你注意，本例句与上一例句都是以非正式的方式表达需要。回想一下，本书中所指的需要，不需要非得由特定的人、地点或事物来满足（请见第五章）。以这种方式表达需要，比较像是最初阶段的猜测，当你继续对对方表达同理心，下一句话就可以慢慢将需要与对话中的妈妈分开。

转换成语言训练轮练习句后，上述例句会变成这样：

"当你想到与妈妈的那通电话时（观察），你是不是感到很灰心（感受），因为你想要联结（需要），特别是想跟妈妈有所联结？"

甚至，你或许可以将自己的看法与对方的观点结合在口语化的句子中，因为我们本来就会这样说话：

"我不是很情愿去参加你办公室的节日派对，因为我已经有很多事要做了。你确定你去参加的话，有助于跟同事更亲近吗？"

重新以语言训练轮练习句表达，以上例句或许可以拆成两个句子，一个是提醒自己的，一个是提醒对方的：

"当我想到要去参加你办公室的节日派对时（观察），我感觉不太情愿（感受），因为我需要休息（需要）。"

以及

"当你考虑要不要去参加节日派对时（观察），你是不是感到兴致盎然（感受），因为派对会让你有归属感（需要）？"

这些句子通常会被拆成好几次的对话，也许你们会先对对方的情况表达同理心，然后再表达你的感受和需要。然而，如果你急于让别人听到你的话，也可以先表达自己的观点，然后立刻问对方想要满足的需要是什么。采取这种做法时，你先与自己的需要联结，同理倾听自己的需要，然后试着与对方的需要建立联结。比起只说你不想去参加派对，这种说法更可能让对话得以进行下去。

你或许也看得出来，与对话式的例句相比较，语言训练轮练习句听起来比较正式，甚至有点生硬。尽管语言训练轮练习句完全适用于某些特定情景，但它听起来跟我们正常说话的方式有差距；尤其当你想把重点放在别人身上发生的事情时，语言训练轮练习句可能包含了太多信息。如果你需要猜测多个要素，最好一次只猜一个，而不是把好几项猜测塞进一句话里。因此，在对别人表示同理心的情景中，我们通常一次只处理一到两个要素，而不是全部；如果情况允许，再把四个要素都补齐。把语言训练轮练习句记在心里，可以支持我们记住、追踪自己是否清楚表达了各项要素，这些要素在任何时刻都非常重要。

上述章节说明的技巧，我们多数只提供你与练习伙伴间的一轮回应作为例子。但是，对话很少会如此简洁、明确；你和对方可能要反复好几次，才能琢磨出一项要素。例如，假设你的朋友弗莱德告诉你："我需要一辆车。"你可能首先会回应："你想要一辆车？"弗莱德声称："对，一辆红色跑车！"为了猜测需要，你可以说："那，你是想找点乐子吗？"弗莱德回答："嗯，算是吧，主要是找女朋友。"为了澄清需要，你可以问："你是想要一辆车，让你可以谈更多恋爱吗？"或是"哦，所以像这样的车，能让你可以和更多人约会吗？"

假设弗莱德的回答不是"红色跑车"，而是"对，一辆七人座的轿车"，那么接下来的对话可能会不同，找到的需要也会不同。红色跑车可能是几年前想要的车款，现在需要变成了要载一群孩子去踢足球或参加篮球比赛。

把话挑明了说，可以帮助大家更清楚发生了什么事，对事情有什么感受，有什么需要，想要什么——即请求是什么。与他们来回对话，对你们双方而言，都是理清信息过程中的重要一环，也因此让双方拥有更多联结。

当下的选择：在实际情况中使用四要素

在对话中的每一刻，我们都必须选择要做什么（例如，复述、表达自己、同理对方、提出请求、在内心与自己的需要建立联结等），按照选择行动之后，再继续做下一个选择。我们可以把观察、感受、需要、请求四要素以及本书先前章节说明的技巧当成工具箱，从中选择与他人、与自己沟通的工具。每做完一次选择，我们就要再做一次判断：接下来要说什么？复述？猜测对方的需要？先重点澄清对方的请求，还是先表达自己的需要？面对这么多选项，现阶段可能会让你觉得不堪重负，毕竟我们才刚接触到十七种不同的技巧。在那个当下，你怎么决定要做什么？

第一，请记得，使用这种语言方式的初衷是要与他人联结。你所做的选择，最终都是因为你认为那是最能建立联结的做法。根据我们和数百位学员使用这些工具的经验，我们的确可以在到底怎么做才能建立联结方面分享一些我们的发现。但是，现实生活中每个情景、每个人都不相同，你的任务是要通过练习和经验，找出自己得心应手的方法。

第二，理清对话中每个言行的意图，有助于你做出选择。你所做的不同选择都是基于你的各种意图，例如只是和对方全身心地处在当下、给予反馈、提供建议，还是从对方身上获取信息等。随着对话的进展，你的意图可能会随之改变，但你选择的每种言行都是为了实现当下的意图。

第三，谨记每个要素在对话中各自的作用。它们的目的都是建立联结，而不是制造分裂。我们已经说明，需要是最能建立联结的要素，因为需要能够转化任何语言。不论在什么情景中，需要都可以帮助你得知对方的动机，并进一步直接将动机与自己的经验联系在一起。同样地，需要也可以帮助别人知道你的处境，并可以与你的经验联系。其他要素也都有各自的作用。分享观察能为对话奠定基调，指明你想讨论什么，有时还有助于建立对话的脉络。感受则强调对所发生事情的情绪性回应，指向的是因为所发生的事情获得或未获得满足的普遍的人类需要。请求结合所有的要素化为行动，说明了你希望在现实世界发生的事情。知道每个要素如何帮助你建立联结，可以让你在对话中想到要做什么。

当你与别人沟通时，如果能保持好奇，创造联结，会发现人人都有自己的答案。你可能必须以自己的方式找到属于自己的答案，才能在现实生活中满足自己看重的需要。在对话中，你可以持续提问，帮助理清观察、感受、需要、请求，相信只要表现出支持、给予同理心，就是在帮助对方以自己的方式找到自己的答案。

因此，如果我们在对话中同理倾听别人，那么，我们要跟随而非带领对方。假设对方有答案，不要坚持自己的猜测就是正确的。第一次猜测就像第一次在家做松饼一样，不见得会大获成功。不要坚持自己的猜测，要随着对方的修正与澄清而灵活变化。对方认为什么对他是真实的，我们就承认他的想法，让对话继续进行下去。

当你在同理倾听对方时，你的每次回应都像是做一个判断。你不知道对方会如何回应你某句话，你只能弄清楚自己的意图和言行。如果清楚地知道自己的意图是支持、理解或者贡献，那么你可以选择上述章节中的任何技巧并加以运用。让对方引领对话，我们跟随，进行反馈，并澄清他们的观察、感受、需要、请求。

附录E　非暴力沟通流程

诚实表达

Step1　说出你所观察到的行为。

当我
- 看到＿＿＿＿＿＿＿＿＿＿＿＿＿＿＿＿＿＿＿＿＿＿＿＿＿＿＿
- 听到＿＿＿＿＿＿＿＿＿＿＿＿＿＿＿＿＿＿＿＿＿＿＿＿＿＿＿
- 记起来＿＿＿＿＿＿＿＿＿＿＿＿＿＿＿＿＿＿＿＿＿＿＿＿＿
- 想到＿＿＿＿＿＿＿＿＿＿＿＿＿＿＿＿＿＿＿＿＿＿＿＿＿＿

Step2　表达我的感受。

我感到＿＿＿＿＿＿＿＿＿＿＿＿＿＿＿＿＿＿＿＿＿＿＿＿＿＿＿

Step3　传达我的需要／偏好。

因为我要＿＿＿＿＿＿＿＿＿＿＿＿＿＿＿＿＿＿＿＿＿＿＿＿＿＿

因为当时我
- 需要＿＿＿＿＿＿＿＿＿＿＿＿＿＿＿＿＿＿＿＿＿＿＿＿＿＿
- 希望＿＿＿＿＿＿＿＿＿＿＿＿＿＿＿＿＿＿＿＿＿＿＿＿＿＿
- 想要＿＿＿＿＿＿＿＿＿＿＿＿＿＿＿＿＿＿＿＿＿＿＿＿＿＿

Step4　以当下的行动语言提出请求。

现在，你愿不愿意

（a）告诉我你刚才听到我说了些什么？

（b）告诉我你听到我刚才说的那些话有什么感受？

（c）说（或做）＿＿＿＿＿＿＿＿＿＿＿＿＿＿＿＿＿＿＿＿？

同理倾听

Step1 明确你观察到的行为。

当你
- 看到＿＿＿＿＿＿＿＿＿＿＿＿＿＿＿＿＿＿＿＿＿＿＿＿＿
- 听到＿＿＿＿＿＿＿＿＿＿＿＿＿＿＿＿＿＿＿＿＿＿＿＿＿
- 记起来＿＿＿＿＿＿＿＿＿＿＿＿＿＿＿＿＿＿＿＿＿＿＿＿＿
- 想到＿＿＿＿＿＿＿＿＿＿＿＿＿＿＿＿＿＿＿＿＿＿＿＿＿

——或——

- 你是否因为＿＿＿＿＿＿＿＿＿＿＿＿＿＿才有这样的反应?
- 你说的是不是＿＿＿＿＿＿＿＿＿＿＿＿＿＿＿＿＿＿?
- 你是不是指＿＿＿＿＿＿＿＿＿＿＿＿＿＿＿＿＿＿?

Step2 猜测对方的感受。

- 你是不是感到＿＿＿＿＿＿＿＿＿＿＿＿＿＿＿＿＿?
- 我猜你大概是感到＿＿＿＿＿＿＿＿＿＿＿＿＿＿＿＿＿

Step3 猜测对方未被满足的需要／偏好。

- 因为你当时希望＿＿＿＿＿＿＿＿＿＿＿＿＿＿＿＿＿＿
- 因为你需要＿＿＿＿＿＿＿＿＿＿＿＿＿＿＿＿＿＿＿＿＿

Step4 猜测对方可能会有什么请求。

- 所以，你是不是希望＿＿＿＿＿＿＿＿＿＿＿＿＿＿＿＿?
- 那么，你是不是想要我＿＿＿＿＿＿＿＿＿＿＿＿＿＿?

附录F　作者的自述

两位作者都在冲突研究和冲突调解方面有丰富的经验。以下是两位作者的自述，进一步说明其工作内容。

艾克·拉萨特（Ike Lasater）

我以前在旧金山当出庭律师。二十年间，我出庭辩护的民事诉讼案越来越大宗，也让我看到法律在解决冲突上的限制。美国的法律源自英国的普通法，而早年驱动英国普通法尤其是陪审团制度发展的其中一个原因，是国王希望通过某种程序解决人民之间的冲突，避免这些冲突演变成世仇，所以化解冲突的重要性高于让涉入冲突的各方事后满意。现代法的着重点也是一样。身为律师，我看到诉讼如何让人精疲力竭。通常人们在快要开庭之前，都不会认真考虑和解；开庭之后，又要面对审判结果未定带来的压力，有时候官司要纠缠许多年才会有结果。

我在和解会议上经历过的调解，没有让我特别惊艳的。这种调解通常都以穿梭外交的方式进行：冲突的双方待在不同的房间，调解者来回穿梭其间，传递双方的提案。调解者会用各种技巧在人们心中激起恐惧，让他们把注意力放在和解不成造成的风险上，从而迫使双方达成协议。从达成协议这个角度而言，这种做法是有用的，但我不记得有任何人喜欢这个过程，也不曾看到这样的调解方式会带来疗愈的效果。传统调解方法的公理，就是双方对于调解结果都应该感到同样的愤怒，这才代表双方妥协的程度是公平的。

法庭上化解冲突的方式让我心生不满的同时，我在个人生活中也面临挣扎。我是一家律师事务所的创始合伙人，手下有将近二十名员工。同事间一发生冲突，就会让整个公司连续数周不得安宁。身为管理者，每当我试着让发生冲突的那些人待在一起，都觉得自己像是火上浇油。处理这些情况以及自己家里的冲突，都让我觉得很无助。

在律师生涯的最后四五年间，我积极地寻找顾问应对冲突，也因此误打误撞地接触到了马歇尔·卢森堡的非暴力沟通。1996年，我参加了他在旧金山举办的小型工作坊。工作坊进行到还不满一个小时的时候，我发现我能理解他所说的每一个字，意识到了一些我还不能马上就心领神会、但希望能领悟的东西。我发现这种沟通方式肯定了生命的价值，还把对自己重要的东西传达给对方，因而深深着迷。我持续学习非暴力沟通，并且因为我非常钦佩非暴力沟通带来的影响，所以1999年我接受马歇尔的请求，加入国际非暴力沟通中心（CNVC）的理事会，服务了六年。

约翰·凯恩（John Kinyon）

我原本接受教育是打算成为临床心理咨询师，但我其实并不清楚自己要如何为世界做出贡献。我对心理学的热情一直集中在冲突上：我们与自己、他人的联结是如何断裂的，如何以疗愈、转化的方式陪伴、聆听。"在各种社会冲突、变化中，不论是在个人层面保持彼此的联结，还是在社会层面维持人类的联结，我们如何从冲突迈向联结？"这个是我的主要疑问。

心理学家卡尔·罗杰斯的著作、甘地的哲学与非暴力运动，都非常吸引我。我想做能结合我所有兴趣点的事情，且觉得调解应该能达成这个目的。1998年，我参加了一天的调解会议，马歇尔·卢森堡是当天的主旨演讲嘉宾。他开讲才一分钟，我就有一种拨云见日的感觉。我清楚地看到非暴力沟通以一种前所未有的方式，将我所有的兴趣点结合在一起。

我开始参加非暴力沟通的培训，最后和他人共同创办了国际非暴力沟通中心的旧金山湾区分支机构（BayNVC）；成为讲师，加入国际非暴力沟通中心的理事会，并在理事会遇到了艾克。不过其实就像本书先前所言，我们在巴基斯坦的经历创造了我们之间的紧密联结。

参考文献

Duhigg, Charles. *The Power of Habit: Why We Do What We Do in Life and Business*. New York: Random House, 2012. Print.

Eagleman, David. Incognito: *The Secret Lives of the Brain*. New York: Pantheon Books, a division of Random House, Inc., 2011. Print

Ekman, Paul. *Emotions Revealed: Recognizing Faces and Feelings to Improve Communication and Emotional Life*. 2nd Edition. New York: Holt Paperbacks, 2007. Print.

Frankl, Viktor E. *Man's Search for Meaning*. New York: Simon & Schuster, 1984. Print.

Gazzaniga, Michael. *Who's in Charge?: Free Will and the Science of the Brain*. New York: HarperCollins, 2011. Print.

Kahneman, Daniel. *Thinking, Fast and Slow*. New York: Farrar, Straus, and Giroux, 2011. Prit.

Kenrick, Douglas T. and Griskevicius, Vladas. *The Rational Animal: How Evolution Made Us Smarter Than We Think*. New York: Basic Books, 2013. Print.

Lasater, Ike with Julie Stiles. *Words That Work in Business: A Practical Guide to Effective Communication in the Workplace*. Encinitas, CA: PuddleDancer Press, 2010. Print.

Lasater, Judith Hanson and Ike Lasater. *What We Say Matters: Practicing Nonviolent Communication*. Berkeley, CA: Rodmell Press, 2009. Print.

McGonigal, Kelly. *The Willpower Instinct: How Self-Control Works, Why It Matters, and What You Can Do To Get More of It*. New York: The Penguin Group, 2012. Print.

Rosenberg, Marshall B. *Nonviolent Communication: A Language of Compassion.* Encinitas, CA: PuddleDancer Press, 1999. Print.

Sapolsky, Robert M. *Why Zebras Don't Have Ulcers (3rd ed.).* New York: Holt Paperbacks, 2004. Print.

Stress: Portrait of a Killer. Dir. John Heminway. 2008. National Geographic Television & Stanford University. DVD.

Vedantam, Shankar. *The Hidden Brain: How Our Unconscious Minds Elect Presidents, Control Markets, Wage Wars, and Save Our Lives.* New York: Spiegel & Grau and imprint of the Random House Publishing Group, a division of Random House, Inc. 2010.